创新型高等职业教育精品教材

互联网+教育改革新理念教材

大学生心理健康教育

DAXUESHENG XINLI JIANKANG JIAOYU

主审　黄　炎
主编　安海宾　周秋梅
　　　张　莉

上海交通大学出版社
SHANGHAI JIAO TONG UNIVERSITY PRESS

内容提要

本书以大学生的心理发展特点为立足点进行设计，全书共 10 章，分别为“走进心理健康 呵护心灵成长”“发展自我意识 张扬个性活力”“善驾学习之舟 畅游浩瀚宇宙”“塑造健全人格 释放真实自我”“保持稳定心境 拥抱美好生活”“进行人际交往 建立融洽关系”“揭开爱的面纱 珍爱青春年华”“笑对风雨磨难 从容面对挑战”“瞄准职业方向 选择人生之路”“打开心灵之窗 感受生命芬芳”。

本书内容全面，结构新颖，讲解通俗易懂，实践活动丰富多样，能够帮助学生更好地学习与运用心理健康的相关知识，可作为高等职业院校心理健康课程的教材。

图书在版编目（CIP）数据

大学生心理健康教育 / 安海宾，周秋梅，张莉主编
. -- 上海 : 上海交通大学出版社，2023.6（2023.12 重印）
ISBN 978-7-313-28760-1

Ⅰ. ①大… Ⅱ. ①安… ②周… ③张… Ⅲ. ①大学生
—心理健康—健康教育 Ⅳ. ①G444

中国国家版本馆 CIP 数据核字(2023)第 090237 号

大学生心理健康教育
DAXUESHENG XINLI JIANKANG JIAOYU

主　　编：安海宾　周秋梅　张　莉
出版发行：上海交通大学出版社　　地　　址：上海市番禺路 951 号
邮政编码：200030　　电　　话：021-64071208
印　　制：北京同文印刷有限责任公司　　经　　销：全国新华书店
开　　本：787 mm×1092 mm　1/16　　印　　张：12
字　　数：277 千字
版　　次：2023 年 6 月第 1 版　　印　　次：2023 年 12 月第 2 次印刷
书　　号：ISBN　978-7-313-28760-1
定　　价：45.80 元

本书编委会

主　审　黄　炎

主　编　安海宾　周秋梅　张　莉

副主编　史志欣　李　冉　高亚茹
　　　　谢　梦　吕　蕊　王珊珊
　　　　高　蕾　刘倩姝

前言

大学生是社会主义事业的建设者和接班人，是促进社会发展的重要群体。大学生的心理健康状况直接影响着个人的成长和家庭的幸福，关系着校园的安全、稳定与和谐，甚至与民族的命运和社会的发展紧密相连。2021 年 7 月，教育部办公厅印发《关于加强学生心理健康管理工作的通知》，该通知要求进一步提高学生心理健康工作的针对性和有效性，切实加强专业支撑和科学管理，着力提升学生心理健康素养；要求各高校加强心理健康课程建设，发挥课堂教学主渠道作用，帮助学生掌握心理健康知识和技能，树立自助、互助、求助意识，学会理性面对挫折和困难。

为了配合高校更好地为大学生开展心理健康教育，我们结合大学生心理健康的现状、国家对学生心理健康工作的新要求，组织编写了此书。具体而言，本书具有以下特点：

素养培育，立德树人

党的二十大报告指出：“育人的根本在于立德。”本书有机融入党的二十大精神，积极落实教育立德树人的根本任务，致力于实现心理知识传授与育人目标的有机统一，旨在通过“润物细无声”的方式引导学生树立正确的世界观、人生观、价值观，帮助学生正确认识自己、接纳自己，掌握心理健康自我教育的方法，塑造健全人格，从而实现身心健康发展、全面发展；同时，引导学生将个人发展同国家发展结合起来，使其在学习过程中明确职业目标和个人的社会价值，成长为有理想、有本领、有担当的新时代青年。

内容系统，全面实用

本书针对当代大学生面临的主要心理问题和存在的心理困惑，给予深入的解读和分析，并提供相应的应对策略和自我调适方法，让学生懂得“是什么”“为什么”“怎么做”，以使大学生重视心理健康，提高心理素养并能主动进行心理调节与维护。

全新形态，全新理念

本书力求突破传统教材的说教形式，贯彻教育改革新理念，深入浅出地阐述心理学基础知识，并在理论介绍中穿插“案例分析”“课堂互动”“拓展阅读”“趣味活动”“心灵驿站”等模块，大大增强了本书的趣味性与可读性；每章后面还附有“心理训练”和“心理测试”模块，可以指导学生运用所学知识解决实际生活中的具体问题，同时拓展学生的知识面。

数字资源，平台辅助

本书将“互联网+”思想融入教材，利用二维码技术配备了丰富的电子学习资源，学生拿出手机扫一扫，便可获取相关的视频资料，随扫随学，非常方便。同时，本书配套丰富的教学资源，如优质课件等，学生可登录文旌综合教育平台“文旌课堂”（www.wenjingketang.com）查看和下载。

本书由黄炎担任主审，安海宾、周秋梅、张莉担任主编，史志欣、李冉、高亚茹、谢梦、吕蕊、王珊珊、高蕾、刘倩姝担任副主编。各章节分工如下：安海宾负责第二章和第三章的编写，周秋梅负责前言和第一章的编写，张莉负责第四章和第五章的编写，史志欣、李冉、高亚茹负责第六章和第七章的编写，谢梦、吕蕊负责第八章的编写，王珊珊、高蕾、刘倩姝负责第九章和第十章的编写。周秋梅、史志欣、谢梦、高蕾负责全书校对工作。

本书在编写过程中，参考了大量的资料并引用了部分文章和图片等。这些引用的资料大部分已获授权，但由于部分资料来自网络，我们未能确认出处，也暂时无法联系到原作者。对此，我们深表歉意，并欢迎原作者随时与我们联系（电话：4001179835），我们将按规定支付酬劳。

另外，本书在正文中没有注明出处的案例均为自编或者根据真实事件改编，为了避免引起不必要的误会，案例中部分人物使用了化名。由于编者水平有限，书中存在的不当之处，敬请专家和读者批评指正。

目录

第一章 走进心理健康 呵护心灵成长

本章导读

长久以来，人们认为“没有病痛和不适就是健康”。但随着科学文化的进步和社会的不断发展，人们对健康的理解不断深入。社会心理因素对健康和疾病的影响越来越引起人们的关注，人们在重视身体健康的同时，对心理健康的关切程度也与日俱增。

学习目标

知识目标

◇ 了解心理的概念与实质
◇ 明确健康和心理健康的关系
◇ 熟悉大学生心理健康的一般标准
◇ 了解影响大学生心理健康的因素
◇ 熟悉大学生常见的异常心理
◇ 了解大学生心理健康教育的内容和途径

能力目标

◇ 掌握大学生健康心理的培养方式
◇ 学会识别常见心理问题

素质目标

◇ 树立心理健康意识，形成良好的个人心理健康素养
◇ 关注自己的心理健康状况，以良好的心态对待生活

情境导入

“5·25”全国大学生心理健康日

每年的5月25日是全国大学生心理健康日，“5·25”的谐音为“我爱我”，意在提醒大学生关爱自我，了解自我，接纳自己，关注自己的心理健康和心灵成长，提高自身心理素质，进而爱别人、爱社会。

把这样一个意义重大的日子定在5月25日，是用心挑选的。首先，5月是春意盎然、草木繁盛、春暖花开的季节，本身就充满了活力与激情。其次，“25”的谐音为“爱我”。心理健康日活动就是要提倡大学生爱自己，珍爱自己的生命，把握机会，为自己创造更好的成才之路，并由珍爱自己发展到关爱他人，关爱社会。

五月是充满活力与生机的季节，繁花似锦，绿荫如海。你对“5·25”全国大学生心理健康日有多少了解？你是否关注过自己的心理健康？你所理解的心理健康是什么样的？

第一节 心理和大学生心理

一、心理的概念与实质

心理又称“心理现象”或“心理活动”，是指人脑对客观物质世界的主观反映。

什么是心理？

现代科学表明，人脑的主要功能是接受、分析、综合、储存和发布各种信息。人体的感觉器官会把外界的刺激信息经由神经系统传给大脑，大脑对信息进行加工、整理后做出决策，然后发出指令信息，控制人体各器官和各系统的活动。人体各器官和各系统的活动状况又会反馈给大脑，以便大脑进一步调节人体状况，如调节呼吸、心跳、血压、情绪等。人的心理活动的产生也需要通过人脑来实现。人对客观现实的反映就是通过人脑的活动来实现的。

也就是说，人脑是心理的器官，是心理活动的物质基础，它制约着人的心理活动。心

理是人脑的机能，是人脑对客观现实的主观反映。人脑和心理是相互联系、密不可分的。需要注意的是，如果没有客观现实和人的社会实践活动的作用，那么人脑自身不能单独产生心理活动。

二、心理的基本构成

人的心理由心理过程和个性心理两大部分组成。心理过程和个性心理是心理活动的基本形式和重要表现。

（一）心理过程

心理过程是指人脑对客观事物不同方面及其相互关系的反映过程。它是相对于个性心理而言的，是不断变化的、暂时性的心理现象，分为认识过程、情感过程和意志过程。

1．认识过程

认识过程是指人在认识客观事物的过程中，对客观事物的现象和本质的反映过程，即人脑输入、储存、加工和编码各种信息的过程，具体包括感觉、知觉、记忆、思维、想象等。认识过程是人最基本的心理过程。

感觉是最简单、最基本的心理活动，如人们可以看到不同的颜色，听到不同的声音，嗅到不同的气味，尝到不同的味道，感受到不同的质地或温度。知觉是人脑对客观事物整体属性的反映，如人们在感觉的基础上能够辨认盛开的菊花、歌唱的百灵鸟、香喷喷的面包、崭新的书桌等。记忆是人脑对过去所经历事物的反映，如人们回到阔别已久的故乡时，总能回忆起儿时的许多趣事。思维是人脑对客观事物本质属性概括、间接的反映，如警察根据小偷的动作神情、言语内容等推断其心理变化情况，地质学家根据古生物化石等线索推知几千年以前发生的事情，等等。想象是人脑对已有表象进行加工、创造的活动过程，如人们对未来生活、工作情景的畅想等。

2．情感过程

情感过程是指人在认识客观事物时，产生某种态度体验或感受的过程。人在认识客观事物的过程中，并不是呆板的、冷漠的，而总是对事物持有一定的态度或具有一定的情感倾向。这些在认识基础上产生的喜爱、厌恶等态度体验，或喜、怒、哀、乐等感受，在心理学上称为情感过程。

3．意志过程

意志过程是指人在认识的支持和情感的推动下，有意识地克服内心障碍与外部困难，坚持实现目标的心理活动过程。人不仅能认识客观事物，并对其产生一定的情感体验，而且还能够自觉地改造客观世界。为了认识和改造世界，人们总是主动地确定目标，制订计划，并树立信心，坚持不懈地去战胜困难和挫折，以实现预期的目标。这种心理活动的过程就是意志过程。意志是人的意识能动性的集中表现。

认识过程、情感过程和意志过程不是彼此孤立的，三者作为一个统一整体而相互依存，相互渗透，相互作用。情感过程和意志过程都是在认识过程的基础上产生的；情感过程和意志过程又反过来对认识过程产生影响。三者是统一的心理活动的不同方面。

（二）个性心理

个性心理是指个体所具有的一系列有一定倾向性的稳定特征的总和。它包括个性倾向性和个性心理特征两个方面。

1. 个性倾向性

个性倾向性是指人对客观现实的态度，是人进行活动的基本动力，主要包括需要、动机、兴趣、理想、信念和世界观等要素。它对个体的心理活动起着支配和控制的作用，是个体从事各项活动的内部动力。例如，兴趣可以让个体专注于某事物；理想可以让个体对某事物产生期待，并促使其主动采取行动去实现既定目标；等等。

2. 个性心理特征

个性心理特征是指个体身上经常表现出来的典型而稳定的心理特征。它主要包括能力、气质和性格。其中，能力是促使个体完成某项活动的潜在心理特征，如记忆能力、体育运动能力、言语感染能力等。气质是个体心理活动动力特征的总和，如知觉的速度、思维的灵活度、意志力的强弱、心理活动的倾向性（内倾或外倾）等。性格是个体对现实的稳定态度和行为方式所表现出来的稳定倾向。例如，有的人比较无私，有的人比较自私；有的人情绪易波动，有的人情绪稳定；有的人办事果断，有的人办事优柔寡断；等等。

个性倾向性与个性心理特征不是彼此孤立的，两者错综复杂地交织在一起，相互渗透，相互影响。一方面，个性心理特征受个性倾向性的调节；另一方面，个性心理特征在一定程度上影响个性倾向性。

个性心理（个性倾向性与个性心理特征）以心理过程（认识过程、情感过程和意志过程）为基础。个性心理的形成和发展是个体社会化的过程。已经定型的个性心理反过来制约心理过程。

三、大学生的心理特点

大学生的年龄一般为18～23岁。从心理学角度来看，大学生正处于青年中期，而青年中期是人生的关键时期。在这一时期，大学生的生理已经基本成熟，而心理发展仍然处于趋向成熟又未完全成熟的过渡阶段。具体而言，大学生的心理特点主要包括以下几

个方面。

（一）智力达到峰值

随着生理机能基本成熟、社会实践阅历日趋丰富，大学生的智力发展水平达到峰值。他们思维敏捷，接受力强，记忆力和理解力的发展水平达到最高峰，抽象思维发展迅速，并逐渐在思维活动中占据主导地位。但是，大学生抽象思维的发展不够成熟，主要表现为思维不够开阔，不能较好地运用唯物辩证法和理论联系实际的方法来指导自己的认识活动，看待事物时容易主观片面或"钻牛角尖"等。

（二）自我意识增强

自我意识是指个体对自己及自己与周围事物之间关系的认识。它包括自我观察、自我评价、自我监督、自我控制和自我教育等形式。自我意识的产生（即个体能够把自己作为独立于周围事物的一个主体进行剖析）是个体心理发展达到一定水平的重要标志，也是其心理发展过程中的一种必然现象。青年大学生在逐步社会化的过程中，必然会出现自我意识增强的现象。

大学生自我意识增强的主要表现如下。

（1）自我认识和自我发展的愿望强烈。大学生迫切要求深入了解自己和全面发展自己。他们经常深入分析现实的自我和理想的自我，力图从现实与理想的关系中正确认识自己、把握自己和要求自己，进而不断完善自我。

（2）自我形象的塑造更加全面。大学生开始从多个角度和多个层次来观察和评价自我，并努力塑造自己的形象。他们既注重修饰自己的外在形象，也注重提升自己的综合素养，如发展智力、提升能力、培养气质、完善性格等。

（3）自我评价能力增强。随着生活经验的积累、智力水平和认知水平的提高，大学生开始借助社会评价和一些测评工具来认识自己，但又不完全依赖他人的评价和测评结果，表现出较强的独立性和自主性。在自我评价时，他们注重维护自己的声誉，希望得到他人的尊重、理解和认可。

（4）自我教育能力增强。大多数大学生独立自主，好胜心强，希望自己成为生活中的强者，并得到他人的重视与认可。他们能够根据所学专业和目标职业的要求来确立自己的奋斗目标，规划自己的学习和生活，不断地激励自我，锻炼自我，完善自我。

（三）情感不断发展

随着校园生活和社会实践活动的深入展开，大学生的情感发展进一步完善，情感内容不断丰富。他们热爱祖国，富有理想，关心国家的前途和命运，形成了自己比较明确的爱国主义情感、社会责任感、道德感和荣誉感。

与此同时，大学生的情感体验日益强烈，情绪控制能力还显得不够强。他们在面临环境适应、自我意识发展、学业发展、人际交往、恋爱等问题时，容易陷入理智与情感的矛盾和冲突之中，从而产生较多的负面情绪，甚至产生心理问题。

（四）意志力明显提高

大学生的意志力明显提高，其意志的自觉性、坚韧性、自制性和果断性都有了较大发展，但存在个体差异。大多数大学生对自己行动的目的性和社会意义有比较清晰的认识，能够自觉地确定奋斗目标，根据目标制订实施计划，并努力排除障碍，克服困难，为实现奋斗目标而不懈努力。与此同时，一些大学生的意志品质不完善，他们在处理关键性问题或做出重大决策时往往优柔寡断或草率武断，需要通过科学的引导和锻炼来不断完善意志品质，提高意志力。

（五）性意识有所发展

大学生处于性发育和性成熟的重要时期，其性生理的发育已趋于成熟。在这一时期，他们的性意识进一步发展，主要表现为性意识活动十分活跃，与异性交往的愿望变得强烈，对爱情心怀憧憬，对两性问题充满好奇，等等。一些大学生在追求爱情或经营爱情的过程中，可能会遇到单恋、失恋、性困扰等问题，从而产生郁闷、焦虑、恐惧等心理。

课堂互动

大学时期是大学生心理“断乳”的关键时期。心理“断乳”意味着大学生离开父母和家庭的呵护，摆脱对成人的依赖，成为独立的个体，建立属于自己的心理世界。在这一过程中，矛盾心理是普遍存在的。诸多的矛盾心理交织在一起，是大学生心理发展过程中的正常现象。这些矛盾如果能得到合理化解，就能促进大学生心理的健康发展，否则将成为大学生心理发展的阻力。这些矛盾如果进一步加剧，就会导致心理问题产生，影响大学生的心理健康。

有观点认为，大学生常见的矛盾心理主要有两种：一是渴望独立和想要依赖的矛盾心理，二是自我闭锁和渴望被理解的矛盾心理。

思考与讨论：你如何看待上述观点？你存在这两种矛盾心理吗？你计划如何化解这两种矛盾心理？

第二节 大学生心理健康的标准和影响因素

一、健康与心理健康的概念

（一）健康的概念

1948 年，世界卫生组织在其宪章中指出："健康不仅仅是没有疾病或不虚弱，而且是一种在躯体上、精神上和社会适应上的安宁状态。" 1989 年，世界卫生组织对健康的定义进行了如下修改："一个人只有在躯体健康、心理健康、社会适应良好和道德健康四个方面都健全，才算是一个完全健康的人。" 这是对健康较为全面、科学、完整、系统的定义。

也就是说，健康至少包括四大要素：躯体健康（没有身体疾患）、心理健康（没有心理障碍）、社会适应良好（具有良好的社会适应能力）、道德健康（具有良好的品质）。四者相互联系，相互影响。一方面，身体疾患可以影响个体心理活动的进行，强烈或持久的心理刺激也会影响个体的身体健康，即生理问题可以引起心理上的反应，心理失调也可以导致生理发生改变。另一方面，心理健康与社会适应良好互为因果。若心理不健康，良好的社会适应能力就无从谈起；若没有良好的社会适应能力，也就无所谓心理健康。此外，道德健康在某种意义上属于心理健康的范畴。

可见，心理健康是健康的重要组成部分。尤其是在科技高度发达、竞争日益激烈的信息社会，心理健康在某种程度上将成为人类健康的核心。

（二）心理健康的概念

1948 年，世界卫生组织提出，心理健康是人们在学习、生活和工作中的一种安宁平静的稳定状态。《简明不列颠百科全书》中译本（1985 年）对心理健康的定义如下："心理健康是指个体心理在本身及环境条件许可范围内所能达到的最佳功能状态，但不是十全十美的绝对状态。"

本书认为，心理健康是指人基本心理活动的过程内容完整、协调一致，即认知、情感、意志、行为、人格完整且协调。

课堂互动

20 世纪 50 年代，人格心理学家坎布斯提出，一个心理健康、人格健全的人应具备如下四种特质：① 积极的自我观，即拥有良好的自尊、自信和自我接纳状态；② 恰当地认同他人，既保持自主意志，又对他人意志保持开放性；③ 面对和接受现实，以勇气改变能够改变的，用胸怀接受不能改变的，靠智慧分辨两者的不同；④ 主观经验丰富，可以细腻地觉知自己、他人、事物与环境，灵活应对各类问题。

我国学者，清华大学心理学系博士生导师樊富珉教授提出大学生心理健康的七个标准：① 能保持对学习较浓厚的兴趣和求知欲望；② 能保持正确的自我意识，接纳自我；③ 能协调与控制情绪，保持良好的心境；④ 能保持和谐的人际关系，乐于交往；⑤ 能保持完整统一的人格品质；⑥ 能保持良好的环境适应能力；⑦ 心理行为符合年龄特征。

思考与讨论：你认为心理健康的标准是什么？你觉得自己的心理健康吗？为什么？

二、大学生心理健康的标准

大学生正处于青年中期，因此大学生的心理具有这一年龄阶段青年的许多特点，但大学生是一个特殊群体，其心理与社会上的青年相比有一定的特殊性。根据大学生这一特殊群体的年龄特征、心理特征和社会角色特征，我们可将大学生心理健康的基本标准归纳为以下 8 个方面。

（一）智力正常

智力是指一个人的认知能力和活动能力，是个体观察力、注意力、记忆力、思维力和想象力的综合。智力正常主要是指个体具有在经验中学习知识和理解事物的能力，获得知识的能力，灵活应变的能力，以及运用逻辑推理有效地解决问题的能力等。

心理健康的大学生具有强烈的求知欲和浓厚的探索欲望，能够克服学习过程中的困难，保持一定的学习效率，并能够从学习中体验到快乐和满足感。

（二）情绪健康

情绪健康的标志是情绪稳定、态度乐观、心情愉快。具体来说，情绪健康的表现如下：正面情绪多于负面情绪，乐观开朗，富有朝气，对生活充满希望；情绪稳定，善于控制、调节自己的情绪，既能有效克制又能合理宣泄自己的情绪；情绪的表达既符合社会的要求又能满足自身的需要，在不同的时间和场合能恰如其分地表达情绪，情绪反应与环境相适应，情绪反应的强度与引起这种情绪的情景相符合。

情绪在心理健康中具有重要作用。情绪健康有利于个体保持良好的心理状态，也有利于个体提高心理功能（如感知能力、思维能力等），从而更好地发挥自身的潜能。大学生应学会保持愉快、稳定、协调的情绪。如果经常出现紧张、焦虑、抑郁、恐惧等不良情绪，那么自身潜能的发挥就会受到影响，日常学习效果也会受到影响。

（三）意志健全

意志是个体自觉地确定目标，并根据目标调节、支配自己的行为，以克服困难，实现预定目标的心理过程。意志健全主要是指个体在自觉性、果断性、坚韧性和自制力等方面都表现出较高的水平。意志健全的大学生在各种活动中都有明确的目标，能适时地做出决定并运用切实有效的方法解决所遇到的问题；在困难和挫折面前，能采取合理的应对方式，并控制自己的情绪和言行。

（四）人格完整

人格是指个体相对稳定的心理特征的总和，是个体的性格、气质、能力、需要、动机、兴趣和价值观等方面的综合。人格是个体独有的心理特征，是在先天素质和后天环境的共同作用下形成的，具有相对的倾向性和一定的稳定性。人格完整是指个体所想、所说、所做协调一致，个体人格结构的要素完整统一，即个体在性格、气质、能力、需要和动机等方面均衡发展，具有正确的自我意识，以积极进取的人生观作为人格的核心，并以此为中心把自己的需要、目标和行动统一起来。

（五）自我意识完善

自我意识就是个体对自己存在状态的认识，是个体对其社会角色进行评价的结果。自我意识完善主要是指个体能正确地认识自己、评价自己、接纳自己。心理健康的大学生能够客观地、正确地认识自己，并做出恰当的自我评价；同时，能够接受自己，正确看待自己的优缺点，既不自傲，也不自卑。

（六）人际关系和谐

社会生活中最重要的活动之一就是与人接触或与人打交道，也就是人际交往。和谐的人际关系是事业成功与生活幸福的前提。心理健康的大学生能够与同龄人建立平等、互助、和睦的伙伴关系。其具体表现如下：乐于与人交往，既能建立广泛的人际关系，又能结交知心朋友；在交往中能够保持独立而完整的人格，做到不卑不亢；能客观评价别人和自己，善于取人之长，补己之短；能够做到宽以待人，乐于助人；交往的积极态度多于消极态度，交往动机端正。

（七）社会适应能力良好

适应能力是衡量心理健康的重要指标。心理健康的大学生能够较快地适应环境，包括学习环境与生活环境、自然环境与人际环境等；能够和社会保持良好的接触，对社会现状有清晰、正确的认识，在思想和行动上都能紧跟时代发展的步伐；即使突然遭遇意外或身处恶劣环境中，也能较快地进行自我调节，顺应环境变化并保持心理平衡。

案例分析

小雪是一名大一新生，上大学前她成绩优异，深受老师、同学的喜爱。进入大学后，小雪发现自己没有什么特长，因不善交际也没有交到朋友，且成绩不再突出，由此她觉得自己不能适应大学的生活，并且变得越来越沉默。她时常感到孤独、寂寞，上课时难以专心听讲，课后无法安心学习，成绩也因此一落千丈。她的内心十分痛苦，甚至出现了轻微的抑郁症状。

小马是一名大一新生。他是独生子女，上大学前，在生活上十分依赖父母。进入大学后，小马处处都无法适应：他不知道什么事情该做、该怎样做，常常丢三落四；生活没有规律，影响了身体健康和正常的学习；习惯了家里优越的生活环境，认为学校条件差，不习惯过集体生活，也不能很好地处理与寝室同学的关系；没有住校经历，不会料理简单的日常生活事务，如收拾内务、清洗衣物、整理床铺等。他十分迷茫，不知道该怎么办，觉得自己特别没用，经常感到失望、焦虑。

【分析与点评】

小雪和小马的心理问题属于环境适应问题。刚上大学时，很多大学生都会在自我认知、人际交往、学习和生活环境等方面感到不适，进而产生一些心理问题，这都是在所难免的。大学生无法调整自己的心理状态时，如果能及时向学校的心理老师寻求帮助，就能很快调整过来，进而快速适应大学生活。

（八）心理行为与年龄特征相符合

年龄特征是指在一定的社会和教育条件下，不同年龄阶段的个体在身体和心理发展方面所表现出来的典型的和本质的特征。不同年龄阶段个体的年龄特征是连续性与阶段性的统一，具有稳定性和可变性。心理健康的大学生具有与其实际年龄相匹配的心理、行为特征，并形成了与其年龄阶段相适应的心理、行为模式，如勤学好问、反应敏捷、乐于探索等。如果大学生表现出严重偏离相应年龄的行为特征，如过于老成、过于幼稚、依赖心理过重等，那么其心理可能是不健康的。

拓展阅读

正确理解心理健康

心理健康是一个相对的概念。人的心理世界是复杂多样的，每个人都可能出现不良心理状态，即使是一个健康的人，也可能出现突发性、暂时性的心理异常。因此，大学生在理解心理健康的概念和标准时应注意以下几点：

(1) 心理不健康与有不健康的心理之间不能等同。心理不健康是指一种持续性的不良心理状态。偶尔出现一些不健康的心理并不等同于心理不健康，更不等同于已患心理疾病。判断自己或他人的心理健康状况时，不能仅凭一时一事而简单地下结论。

(2) 心理健康与不健康之间并不是泾渭分明的。良好的心理健康状态与严重的心理疾病之间有一个广阔的过渡带。在许多情况下，异常心理与正常心理之间没有绝对的界限，只存在程度上的差异。

(3) 心理健康状态不是固定不变的，而是动态变化的。随着个体的成长、经验的积累、思维方式的转变、某些行为习惯的养成和环境的改变，个体的心理健康状态也会有所改变。

(4) 心理健康的标准是一种理想尺度，它不仅为人们提供了心理健康的衡量标准，而且为人们指明了提高心理健康水平的努力方向。

三、大学生心理健康的影响因素

影响大学生心理健康的因素是多方面的，归纳起来主要有以下几种。

(一) 个体生理因素

对大学生心理健康产生影响的个体生理因素主要有 4 种：

(1) 遗传因素。大量研究表明，有心理疾病家族史的个体，容易受遗传因素的影响而产生心理问题或患上心理疾病。

(2) 躯体疾病。各种躯体疾病，尤其是慢性疾病，常会使个体变得烦躁不安，敏感多疑，使个体的情绪稳定性降低，行为控制力减弱，人际关系紧张，因而慢性疾病患者容易产生心理障碍。

(3) 大脑的器质性病变。大量临床研究表明，大脑的器质性病变，如脑肿瘤、脑萎缩、脑炎、脑血管疾病和脑外伤等，会直接导致各种心理异常，如意识障碍、人格异常等。

(4) 神经系统先天发育不良。研究表明，如果个体神经系统先天发育不良，如大脑皮层的兴奋和抑制过程存在某种障碍等，个体就容易受到外界环境的影响，进而产生心理问题。

(二) 社会环境因素

随着信息时代的到来，社会发展日新月异。传统观念的变革、价值体系的重构、生活方式的转变等会给人们带来各方面的心理考验。相关专家认为，许多心理问题是由对环境的不良适应引起的。也就是说，个体如果不能根据外界的变化及时调整自己的心理状态，就会承受较大的心理压力，其原先的心理平衡状态就会被打破，进而产生诸如自负、自卑、焦虑、浮躁、冷漠和嫉妒等负面心理。

大学生正处于人格和价值观的形成期，生理和心理都在迅速变化，且常常能敏锐地感受到社会变化所带来的冲击，因而他们的心理健康状况很容易受到社会环境的影响。在现代社会中，大学生面临的挑战很多，这些挑战中，有的来自社会责任要求，有的来自生活本身，有的来自就业竞争，有的来自知识的更新换代等。如果不能较好地应对社会变革、就业竞争等所带来的各种压力和冲击，就容易产生心理问题。

（三）家庭环境因素

父母的心理行为、父母之间的相处模式、家庭氛围等都会对个体的心理健康产生影响。毋庸置疑，大学生世界观、人生观、价值观的形成是以其幼年时期的思想、观念为基础的。如果在一个人的幼年时期，其父母的认知不统一，观念和行为不一致，这个人长大后就容易产生心理问题。

事实证明，在父母感情和谐、兄弟姐妹相亲相爱的家庭中，个体能形成相对健全的人格，往往具有谦虚、礼貌、随和、诚恳、乐观和大方等良好的人格特征。相反，如果家庭成员经常吵闹、打骂，那么该家庭中的个体就容易产生人格缺陷。

（四）所经历挫折与困难

个体在现实生活中所经历的挫折与困难是影响其心理健康的重要因素。处于青年期的大学生有理想和追求，充满热情，但生活往往不是一帆风顺的，他们可能因客观条件和自身能力的限制而在学习、生活、交友、恋爱、择业等方面遇到各种挫折与困难。

当遇到挫折与困难且无法克服时，大学生可能会产生挫败感。倘若不能正确地看待挫折与困难，在遇到挫折与困难后不能正确地调整心理状态，他们就容易产生消极的情绪反应，如感到自尊心受损、自信心丧失或产生紧张、不安、焦虑、恐惧、抑郁等心理。久而久之，这些负面心理便会影响大学生心理的健康发展。

第三节 大学生常见的异常心理

大学生面临压力、竞争、矛盾、冲突时，可能会因自身的生理和心理、社会环境等多方面因素的共同作用而出现神经症、人格障碍、情感性精神障碍、精神分裂症等异常心理。对于自身的异常心理问题，大学生要尽早发现，并及时寻求专业帮助，尽早治疗，以尽快恢复健康的心理状态，切莫讳疾忌医。

一、神经症

神经症是一组精神障碍的总称，包括神经衰弱、焦虑症、强迫症、恐惧症等。神经症患者的心理功能和社会功能受到损害，他们深感痛苦，但没有任何可证实的器质性病理基础。

（一）神经衰弱

神经衰弱是指人体因大脑神经持续性过度紧张而出现大脑兴奋和抑制功能失调、神经活动能力减弱的一种神经症。患有神经衰弱的大学生通常精神易兴奋，脑力易疲乏，注意力难以集中，记忆力不佳，常伴有情绪低落、易激惹（一种反应过度的精神病理状态，其常见表现为容易生气、敏感、激动、愤怒，甚至与人争吵不休）、睡眠障碍、肌肉紧张性疼痛等症状。

（二）焦虑症

焦虑症又称“焦虑性神经症”，是神经症这一大类疾病中最常见的一种。它以焦虑情绪体验为主要特征。如果成年人出现以下症状中的 3 种或 3 种以上，或者在过去 6 个月的大部分时间内出现某一种症状，就说明其患有焦虑症：① 在无明确客观原因的情况下持续紧张或担忧，坐立不安；② 容易疲劳；③ 难以集中注意力；④ 易激惹；⑤ 肌肉紧张；⑥ 出现睡眠障碍，如入睡困难、无法进入深度睡眠等。焦虑症患者常伴有自主神经症状，如心悸、手抖、出汗、尿频等。

大学生群体常因学业压力过大、情感困扰、人际交往纠纷、价值观冲突、就业压力过大等而患上焦虑症，其生活、学习和职业发展也因此而受到不同程度的影响。

拓展阅读

学会区分焦虑情绪和焦虑症

大学生应学会区分正常的焦虑情绪和焦虑症。具体可以从以下 2 个方面入手：

一方面，学会分辨自己的焦虑情绪是否“过多”“长期”“不必要”，以及这种焦虑情绪是否给自己的日常生活带来了较大的负面影响，如不能专心上课、不能正常学习、不能正常交往等。若焦虑情绪持续时间短或偶尔出现，且并未给日常生活带来重大影响，则通常为正常的焦虑情绪。

另一方面，学会区分这种焦虑情绪是来源于“客观事实”还是“主观感受”。若焦虑的严重程度与客观事实明显不相符，或焦虑持续时间过长，则可能为焦虑症。

（三）强迫症

强迫症是一种以强迫思维和强迫行为为主要表现的神经症。其特点是有意识的自我强迫和反强迫并存，两者之间的强烈冲突使患者感到焦虑和痛苦。

强迫症的主要症状可以分为以下 4 种：

（1）出现强迫观念，即患者脑海中反复出现某一观念或相同内容，如强迫对立观念、强迫恐惧、强迫怀疑、强迫回忆等。

（2）出现强迫情绪，即患者反复产生对某些事物的担心或厌恶等情绪反应，明知不必要或不合理，却无法摆脱。例如，总是忍不住地担心自己因失去自控能力而发疯或做出违法行为。

（3）出现强迫意向，即患者反复体验到想要做某种违背自己意愿的动作或行为的内心冲动，如反复体验到想把东西摔坏的内心冲动，而这种冲动是违背自己意愿的。

（4）出现强迫动作，即患者反复实施某种动作，如反复洗手、计数，反复检查以防范潜在危险，等等。

这些症状严重影响了患者的生活、学习、工作和人际交往。

课堂互动

第一本把强迫症带到公众面前的书《不能停止洗手的男孩》中有一段话是这样说的："具有某种类似强迫症的特征，是人类共有的普遍现象。判断某种行为是否属于强迫症的关键，是看这种行为究竟对你的生活造成了多大影响。强迫症必须对一个人的生活长时间造成真正的妨碍，而大多数人的情况都不具备这一特征。"

思考与讨论：你如何看待《不能停止洗手的男孩》中的这段话？你觉得自己有强迫症吗？为什么？

（四）恐惧症

恐惧症是指个体对某一特定的物体、活动或处境产生持续且毫无理由的惧怕心理，并产生回避反应的一种神经症。患者明知这种反应不合理，但仍会反复产生这种反应，并难以自控。例如，患者会对某种动物、广场、封闭空间、登高或社交活动等产生强烈的恐惧心理并伴有明显的焦虑情绪和回避行为。又如，某人遭遇过车祸后，一乘车就会产生恐惧心理。

恐惧症的主要类型及表现如下：

（1）特殊恐惧，即患者对某种特殊物体或情景产生恐惧心理，并伴有明显的回避反应。例如，对昆虫（担心被咬）、登高活动（担心坠落）、雷电（担心被击中）、外伤或血液等产生莫名的紧张、焦虑情绪，并极力回避。

（2）社交恐惧，即患者对一种或多种人际交往情景产生恐惧心理，并极力回避。社交恐惧通常发生于演讲现场、公共休息室、聚会场合等。患者害怕在大庭广众之下被人关注或被轻视，常感到害羞、焦虑、局促不安等。有些患者在遇到陌生人、异性或上级领导时也会产生恐惧心理，常出现手足无措、焦躁不安、面红耳赤等现象。在极端情况下，社交恐惧症患者还会出现心悸、出汗、头昏、呕吐、四肢颤抖和尿急尿频等生理上的异常反应。

（3）广场恐惧，即患者在经过空旷的场所或特定的场所时产生恐惧心理，并伴有强烈的焦虑和不安。有的患者害怕越过旷野，有的患者害怕越过任何建筑，如街道、桥梁、庭院、走廊等。如果广场恐惧症患者不及时接受治疗，那么随着时间推移，其病情会逐渐加重，严重时会出现自我封闭、足不出户的现象。

恐惧症常急剧发作，发作时患者会产生严重的焦虑情绪，甚至达到惊恐的程度。恐惧症的治疗以心理治疗为主，治疗的关键是让患者不要回避引发痛苦的某种刺激，并在有一定心理准备的前提下尝试去面对它、适应它、克服它。

二、人格障碍

人格障碍是指一些适应困难的人格类型。具有人格障碍的人往往难以适应社会生活，难以与他人和谐相处。常见的人格障碍类型及典型行为表现如表 1-1 所示。

表 1-1　人格障碍类型及典型行为表现

人格障碍类型		典型行为表现
中度人格障碍	依赖型人格	过分地服从和依附他人
	表演型人格	以夸张的情绪表达寻求他人注意，容易成为公众注意的焦点
	自恋型人格	以自我为中心，有夸大的幻想或行为，过分地期望他人不断赞扬自己，缺乏共情能力
	反社会型人格	行为不符合社会规范，经常违法乱纪，对人冷酷无情，且没有道德观念
重度人格障碍	强迫型人格	行为呆板，认为一切必须井然有序，绝对完美
	分裂样人格	缺乏情感，人际冷漠，无法与他人建立亲密的人际关系
	回避型人格	在公共场合会感到非常不适，害怕被人评价，极度害羞
极度人格障碍	边缘型人格	行为冲动，在自我情绪、人际关系等方面极度不稳定
	偏执型人格	极度敏感，经常怀疑他人的动机，认为他人所做的一切都是要害自己
	分裂型人格	与社会隔绝，行为极度怪异，思维混乱，有轻微的精神病症状

人格障碍的诊断需要交由专业的精神科医生，我们不能仅根据个人行为就判断某人有人格障碍。同样，如果患有人格障碍，则需要到专业的医疗机构进行治疗。

三、情感性精神障碍

情感性精神障碍又称“心境障碍”，是指由多种因素引起的以显著而持久的情感或心境改变为主要特征的一类疾病。其主要临床表现如下：情绪高涨和低落，且伴有相应的思维改变和行为改变。这类疾病包括抑郁症、躁狂症和躁郁症。仅有抑郁发作和仅有躁狂发作的分别称为抑郁症和躁狂症，两种都有的叫作躁郁症。此病大多出现在青年期。

其中，抑郁症的临床表现如下：情绪极度低落，非常沮丧和悲伤；对周围的一切均不感兴趣，甚至忽视自身的外在形象与健康，整天无所事事地坐着或终日昏睡；行动迟缓，有明显的思维阻滞、注意力减弱、烦躁、失眠等现象；产生罪恶感，动作减少，丧失斗志，甚至有轻生的想法；可能出现认知功能、语言功能及其他自主神经功能等紊乱的症状。躁狂症的临床表现如下：兴高采烈，情绪激昂，精力充沛，眨眼动作减少，肢体动作增多，自我评价过高，等等。

正常人的情感体验多种多样，其情感有相应的表达方式，并且能够将其控制在合理的范围内；而情感性精神障碍患者通常丧失情感自控力和对重大刺激的主观体验，这往往导致患者的社会功能受损。

四、精神分裂症

精神分裂症为一类精神疾病的总称，因为具有精神分裂的共同症状而得名。精神分裂症患者已丧失自主生活能力，必须住院治疗。其临床表现主要包括思维松散、经常出现妄想、情感表达不恰当或情感过于平淡、社会功能缺损等。根据临床表现的不同，精神分裂症可以分为以下 3 种类型：

（1）单纯型精神分裂症。单纯型精神分裂症多发生在青少年时期。多数患者性格孤僻、懦弱，不喜欢人际交往。患者早期常有失眠、头痛、精神萎靡等表现，并逐渐出现反应迟钝、不与人交往、对任何事都不感兴趣、对生活没有任何期待等症状；随后，通常出现不愿意上课或学习、对人冷漠、整天呆坐或蒙头大睡、偶尔情绪激动等行为表现。

（2）青春型精神分裂症。青春型精神分裂症多发生于青春期。患者发病之前，通常性格乖戾，情绪波动大，敏感而多疑，爱幻想。起病急骤，病情发展很快。患者的主要症状如下：思维紊乱，语言表达不连贯，很难与人沟通；个性色彩明显，情感波动很大，变化无常，时笑时哭，常无缘无故大发雷霆；意志力薄弱；动作无意义；出现妄想、幻听现象。

（3）紧张型精神分裂症。紧张型精神分裂症多发生于 18～25 岁。其症状主要有紧张性兴奋和紧张性木僵两种，两者有时单独出现，有时交替出现。

一些大学生可能因遗传因素、环境因素等而出现心理异常。大学生若出现诸如情绪持

续高涨或低落、产生幻觉或错觉、妄想、哭笑无常、行为怪异、社会功能严重退化等症状，则很可能患上了精神疾病，必须尽快就医。需要注意的是，是否患有精神疾病需要由精神科医生来诊断。

第四节 大学生的心理健康教育

一、大学生心理健康教育的内容

一般而言，大学生心理健康教育的内容主要包括以下几个方面：宣传普及心理健康知识，使大学生认识自身，了解心理健康对成才的重要意义，树立心理健康意识；介绍增进心理健康的途径，使大学生掌握科学、有效的学习方法，养成良好的学习习惯，自觉地开发智力潜能，培养创新精神和实践能力；传授心理调适的方法，使大学生学会自我心理调适，有效消除心理困惑，自觉培养坚韧不拔的意志品质和艰苦奋斗的精神，提高承受和应对挫折的能力，以及社会生活的适应能力；解析心理异常现象，使大学生了解常见心理问题产生的原因及主要表现，以科学的态度对待各种心理问题。

二、大学生心理健康教育的途径

近年来，大学生的心理健康问题越来越受到全社会的关注，大学生心理健康教育也已经成为教育工作的重要组成部分。具体而言，大学生心理健康教育的途径主要包括以下几个方面。

（一）普及心理学知识

要提高大学生的心理健康水平，就必须引导大学生学习心理学知识，使其了解自身心理发展变化的规律与特点，学会心理保健的方法，自觉调控情绪。目前大部分高校都开设了心理健康教育课程，能够对大学生进行较为系统的心理健康教育。

（二）开展大学生心理咨询工作

心理咨询工作是帮助大学生防治心理疾病、优化心理素质、保持心理健康的重要途径。其主要任务是针对大学生的心理特点，对他们的学习、生活、情感、就业等方面进行心理辅导，以帮助他们客观地认识自己的心理健康状况，增强心理调节能力，预防和缓解心理问题。

高校要有效开展大学生心理咨询工作，就应强化心理咨询服务平台建设，如设立心理发展辅导室、积极心理体验中心、团体活动室、综合素质训练室等，为开展个体心理咨询与团体心理辅导提供优质的实时实地服务；应创造条件开通 24 小时阳光心理援助热线、网络预约专线和咨询邮箱等途径，做好常态化心理咨询服务。

（三）加强校园文化建设，营造良好的氛围

大学生心理健康教育除了以课堂教育为主渠道外，还可以通过校园文化建设为心理健康教育营造一个良好的氛围。所谓校园文化是体现学校办学理念、精神和风气的一种群体性文化，是在长期的办学实践过程中积淀而成的育人条件、历史传统和校园氛围等物质因素和非物质因素的总和。校园文化在当今高等教育中发挥着重要的作用，能够唤起青年一代独立的人格追求和高尚的道德追求。

在校园文化建设中，精神文化是目的。学校可以通过开展丰富多彩、积极向上的文化活动，如举办学术讲座、文化艺术节及社团活动等，使大学生增长知识、陶冶情操、启迪心智、缓解心理压力、培养积极乐观的生活态度，实现身心的健康发展。

（四）增强心理健康教育意识，实现全方位育人

心理健康教育是一项专业性极强的工作，增强心理健康教育工作者的专业技能是加强大学生心理健康教育的关键。

目前，部分高校的心理健康教育工作者仍为非专业人员，其教育方式缺乏专业性和科学性，使得心理健康教育的质量无法保证，复杂问题难以解决。因此，加强心理健康教育的师资建设，增强全体教师的心理健康教育意识是极为必要的。学校可以通过讲座、讨论、培训等方式，对领导、教师及辅导员等教育工作者进行专业心理学知识和心理咨询技能的培养，提高他们的思想素质和业务素质，从而更好地开展心理健康教育工作。

（五）开展心理状况测评工作

心理健康教育要做到有的放矢，就需要在心理健康的教育过程中进行广泛的调查研究，掌握大学生普遍的心理状况，从而有针对性地对其进行心理健康教育，解决心理问题。学校可以通过各类心理健康评定表对学生进行测评，建立心理问题筛选、干预、跟踪、控制一体化的程序，对存在的问题做到尽早发现、及时干预和有效控制，从而提高心理健康教育工作的科学性和持久性。

心理训练

自我观察与自我分析

【活动目的】

学会自我观察和自我分析，了解自己的心理状态，并有针对性地调整自己的心理状态。

【活动过程】

步骤一：自我观察

（1）根据自己在日常生活和学习中的行为表现，简要分析自己的个性倾向性和个性心理特征。

（2）用 10 个词语描述自己的心理特征。

（3）用一段话简要描述自己进入大学后的心理状态。

步骤二：自我调整

（1）根据大学生心理健康的标准，分析自己的心理健康状态，明确自己心理状态的调整方向。

（2）每 3～5 人一组，针对小组成员的心理健康状态展开讨论，并提出具体且可行的调整措施。

心理测试

测试一 你的心理健康吗？

这个测试可以通过《大学生心理健康测试量表》来完成。

《大学生心理健康测试量表》由 40 个测试题目构成。扫一扫下方二维码，进行测试吧！

测试二 你的生活方式健康吗？

这个测试可以通过《学生健康生活方式测试量表》来完成。

《学生健康生活方式测试量表》由 15 个测试题目构成。扫一扫下方二维码，进行测试吧！

大学生心理健康测试量表

学生健康生活方式测试量表

第二章

发展自我意识　张扬个性活力

本章导读

自我意识的确立是大学生心理发展的重要标志之一，对大学生的心理健康发展起着重要作用。《道德经》有云：“知人者智，自知者明。”其中，“自知者明”的意思就是清醒地认识自己和评价自己，这才是最聪明、最难能可贵的。在日常生活和学习中，大学生应时常静下心来，认真审视自我，倾听自己内心的声音，全面而正确地认识自己，不断挖掘自身的潜力。

学习目标

知识目标

◇ 掌握自我意识的内涵和结构

◇ 了解大学生自我意识发展的过程和特点

◇ 熟悉大学生自我意识的偏差及调节

能力目标

◇ 掌握培养自我意识的方法

◇ 能够悦纳自我

素质目标

◇ 增强认识自我、发掘自我的意识，并积极寻求自我发展

◇ 培养自身的意志力和自信心，不断完善自己

情境导入

学会全面、客观地看待自己

欢欢的父亲早逝，家里只能靠母亲务农维持生计。艰难的生活使欢欢比别的孩子更加懂事，她一边帮母亲分担家务，一边刻苦学习。最终，欢欢以优异的成绩考入一所知名高校。

进入大学后，欢欢发现自己和同学之间的差距是如此之大，很多东西对她来说都是陌生的。但是，欢欢并没有因此而自卑、消沉，她充分发扬了自己不怕苦、不怕难的坚毅品质，全身心地投入到了学习当中。别人还在睡梦中时，她已悄悄起床读英语；别人都已经就寝了，她还在挑灯夜读；别人在周末的时候都出去玩了，她却在图书馆自习。

天道酬勤，大学期间，欢欢每次的考试成绩都名列前茅，获得了“学习标兵”“三好学生”等荣誉称号，并多次获得奖学金。每年暑假，欢欢都会去做兼职，一方面是为自己赚取大学的学费，另一方面是为了更好地提升自己。

大学毕业后，欢欢进入一家知名金融企业工作，从母亲的手中接过了家庭的重担。

你认为欢欢取得成功的原因是什么？从欢欢的身上你学到了什么？

自我意识概述

一、自我意识的内涵

自我意识是指个体对自己及自己与周边环境关系的认识，是个体通过对外部的观察、分析及社会比较等获得的，是一个多维度、多层次的复杂的心理系统。个体正是通过自我意识来认识自己、激励自己、控制自己，不断完善自己，使自己走向成熟。自我意识直接影响着大学生人格的形成和发展，它标志着一个人的成熟水平。

从内容上讲，自我意识包括生理自我、心理自我和社会自我3个方面，即个体对自己生理属性、心理属性和社会属性的意识。

（一）生理自我

生理自我是指个体对自己的身体的意识，包括个体对自己的身高、体重、容貌和身材等的认识，以及对生理病痛、温饱饥饿、劳累疲乏等的感受体验。如果一个人不能接纳自己生理自我的某些方面，如认为自己不漂亮、身材差，可能会讨厌自己，进而导致自卑，缺乏自信。

什么是自我意识？

（二）心理自我

心理自我是指个体对自己的心理活动、个性特征、心理品质的意识，包括对自己的需要、动机、兴趣、爱好、人生观、价值观、情绪、性格、气质、能力等的认识、体验和评价。如果一个人认为自己能力差、兴趣贫乏、情感淡漠、自制力差等，就会否定自己，表现出自暴自弃、行为退缩等。

（三）社会自我

社会自我是指个体对自己在社会关系、人际关系中的作用和地位，以及对自己所承担的社会义务和所拥有的权利的意识。作为社会人的个体始终是群体中的个体，其言行举止或多或少都会与周围环境中的人、事、物发生联系。如果一个人认为周围的人不喜欢自己、不接纳自己，找不到知心朋友，就会对他人产生距离感、疏远感、排斥感和冷漠感，从而感到孤独、寂寞，缺乏归属感和安全感。

案例分析

某心理学家在一所著名的大学中选了一些运动员做实验。心理学家让这群运动员做一些他人无法做到的运动，并告诉他们，他们是国内最好的运动员，他们一定能够做到。这群运动员被分为两组。第 1 组到了体育馆后，虽然尽力去做了规定的运动，但还是做不到。第 2 组到体育馆后，心理学家先告诉他们第 1 组失败了，然后给他们没人发放了一枚药丸，并告诉他们这个药丸是一种新药，吃后会使他们的体能达到超人的水平。结果，第 2 组运动员很容易就完成了那些困难的运动。“那是什么药丸？”运动员问道。“不过是普通的维生素而已。”心理学家回答。其实，大部分人失败的原因，正是他们错误地判断了自己的能力，低估了自己原本拥有的力量。

小刘毕业于一所名牌大学。择业时，小刘自我感觉良好，偏执地追求名企，非名企不进。他甚至认为自己到某个单位求职是给单位“赏脸”，所以面试时总是夸夸其谈，常常挑剔攀比、提出过分的要求。这无疑给招聘单位留下了浮躁、不踏实的印象，所以，最终没有一个单位愿意录用他。择业失败后，小刘没有从自身寻找原因，反而认为全是招聘单位的错。看到他人应聘成功，他又牢骚满腹，怨天尤人。

【分析与点评】

从上面两个故事可以看出，有的人会低估自己的价值，而有的人则会高估自己的价值。那么，造成这种现象的原因是什么呢？这是因为人的自我意识由多个方面构成，并且现实中的自己、理想中的自己及他人眼中的自己有着或多或少的区别。

二、自我意识的结构

自我意识由自我认知、自我体验和自我控制 3 个方面构成。

（一）自我认知

自我认知是主观自我对客观自我的认识与评价，其表现形式有自我感觉、自我观念、自我分析、自我观察、自我评价等，主要涉及“我现在是一个什么样的人”“我将来会成为什么样的人”“我的优点和缺点各有哪些”等问题。

（二）自我体验

自我体验是伴随自我认知而产生的内心体验，是自我意识在情感上的表现，反映了个体对自己所持的态度，如自尊、自信、自卑等，主要涉及“我对自我是否满意”“我能否悦纳自己”“我是否相信自己”“我是否尊重自己”“我是否有责任感”等问题。

（三）自我控制

自我控制是指个体有意识地调整自己的行为活动或对待他人和自己的态度，是自我意识在行为上的表现，包括自我激励、自我暗示等，主要涉及“我将如何规划自己的人生”“我应该做什么”“我怎样才能成为那样的人”等问题。

第二节 大学生自我意识的发展

一、大学生自我意识发展的过程

大学生正处于自我意识迅速发展的时期，其自我意识的发展一般会经历以下 3 个阶段。

（一）分化

进入青春期以后，个体对自我的关注由外向内转移，开始关注自己的内心世界和内心体验，个体的自我意识分化为主观自我和客观自我两个部分。自我意识的分化是大学生自我意识开始走向成熟的标志。经过分化，个体开始认识和改造自己的主观世界。

（二）矛盾

自我意识的分化引起了自我意识内部的矛盾，使大学生开始感受到儿童期从未体会过的种种内心冲突和思想斗争。自我意识的矛盾主要表现为“主观自我”与“客观自我”、“理想自我”与“现实自我”、理智与情感、自负与自卑、独立与依附、自我封闭与渴望友谊等之间的矛盾。其中，最为突出的是“理想自我”与“现实自我”的矛盾。当“主观自我”去考察、认识和评价“客观自我”时，常常会发现“现实自我”不能符合“理想自我”，于是出现了心理不平衡，即自我的分裂。为此，大学生常常感到困惑、苦闷和烦恼，甚至茫然失措。

（三）统一

经过一段时间的矛盾与冲突，大学生会在自我意识的调控下不断反思、调整、发展，当其寻找到一个新的平衡点时，便能客观地看待自己和他人，在新的水平上实现协调与一致，即自我统一。

二、大学生自我意识发展的特点

（一）强烈关心自己的发展

围绕个人发展、个人与社会的关系等问题，大学生能够积极主动地探索自我。例如，大学生会经常思考这样一些问题：“我聪明吗”“别人会怎么看我”“我的性格如何”“我将来会成为什么样的人”“我该如何实现自我的价值”……

（二）自我评价能力提高

随着知识的积累、阅历的增加，多数大学生对自己的认识逐渐趋于全面、客观，自我评价能力提高。具体而言，其自我评价主要呈现出概括性和广泛性。

概括性表现在以下几个方面：概括的理论性，即不再就事论事，而是能够脱离一定的情景从理性上进行自我评价；概括的综合性，即能够综合社会期望、信息内化了的主观态度、兴趣、理想等多种因素评价自己；概括的辩证性，即能从正反两个方面辩证地看待自己；概括的定型性，即能根据自己的个性特点来评价自己。

广泛性即能对自己的优缺点、才华、性格、气质、道德品质及同学关系等进行细腻、深刻、明晰、全面的评价。同时，自我评价的途径进一步多样化、完善化、社会化。

拓展阅读

学会客观评价自我

有一位画家打算把自己的画拿到画廊上请人们点评。第一天，他请人们把画的败笔之处圈出来，结果一天下来，画的每一个角落几乎都被圈出来了。这位画家觉得非常沮丧。这时，他的老师对他说：“不要沮丧，明天依然拿这幅画，让人们将精彩的部分都圈出来。”第二天，画家照着老师说的去做，结果一天下来，画的每个角落也几乎都被圈出来了。

其实，在现实生活中也是这样的，不同的人对我们的认识和看法是不同的，我们不可能被周围的每一个人喜欢、欣赏。我们要想完善自己，首先要充分认识自己，而要充分认识自己，就必须在正确对待别人评价的基础上，给自己一个客观的评价。

（资料来源：搜狐网，有改动）

（三）自我体验丰富而复杂

随着自我认识的不断深入，大学生的自我体验也随之丰富和复杂。多数大学生自尊、自信、好胜，但他们也是敏感的，凡是涉及“我”和与“我”相联系的事物，都会引起他们的情绪情感反应。他们的自我体验具有一定的起伏、波动，呈现出明显的两极性和情境性。有了成绩就肯定自己，甚至骄傲自满、忘乎所以；一遇挫折就否定自己，悲观失望，甚至自暴自弃。同时，他们也容易受到文学作品、电影等的影响。

（四）自我控制能力提高

大学生的自我控制能力有很大提高，自觉性、坚持性、独立性和稳定性显著发展。绝大多数大学生奋发向上，力争成才，自觉调控自己的行为，同时强烈要求独立、自治，希望摆脱对父母和教师的依赖，不喜欢别人对自己的言行有过多的干预，但也愿意接受新思想、新事物。

（五）自我设计愿望强烈

大学生具有较强的成就动机，他们不愿做一个碌碌无为的人，希望能对社会有所贡献，以实现自己的价值。因此，大学生具有设计自我、完善自我的强烈愿望。他们会根据自己为自己设计的“最佳自我形象”不断地充实自己，培养自己的综合能力，发展自己的性格与品德。

（六）萌生强烈的独立意识

独立意识是指个体力图摆脱监督和管教的一种自我意识倾向。大学生在生理上已完全具备成人的特点，心理发育也已达到较高的水平，因而萌生了强烈的独立意识，迫切希望凡事由自己做主，按自己的意愿行事，平时喜欢独立地思考和行动，不喜欢被管教。

第三节 大学生自我意识偏差及调节

一、大学生的自我意识偏差

大学生有理想、有抱负，对自身和未来有很高的期望，踌躇满志，但现实自我的能力、知识水平等往往与“理想自我”存在一定差距，从而导致自我意识在发展过程中出现某些偏差。

（一）以自我为中心

大学时期是个体进行自我探索最集中的时期。在这一时期，大学生开始用“自己”的头脑去认识世界，并强烈地关注自我。一旦大学生过多地从自我的角度、标准去认识、评价事物与行为时，就会出现自我中心倾向。

以自我为中心的人往往凡事从自我出发，不能设身处地地为他人着想，喜欢把自己的意志强加于他人，习惯让别人服从自己、迁就自己，而自己却不愿意受任何委屈，很容易导致人际关系不和谐。

（二）过分的独立意向

独立意向是大学生自我意识发展和成熟的重要体现。但部分大学生的独立意向过强，表现出极端性的特点，具体体现在以下 3 个方面：一是以孤立为荣。他们在人际交往中把自己置于他人的对立面，视孤立为不落俗套、不盲从。二是以逆反心理反抗舆论和规范。他们认为舆论和规范压抑了自己的独立性，便不加分析地予以抵制和排斥。三是行为具有攻击性、破坏性等不符合大学生年龄特征和角色的倾向。

（三）过分的依赖心理

当今社会，很多大学生都是在父母的精心呵护下长大的，对父母有着较强的依赖性。随着自我意识的发展和自理能力的提高，多数大学生能够主动摆脱依赖心理，逐渐走向独立。但是，少数大学生，特别是低年级的大学生，对父母依然有不符合大学生年龄特征和角色的过分依赖心理。例如，每年新生入学时，总有部分学生由家长全程陪同，到校后由家长代办入学手续，安排宿舍生活等。

（四）过分追求完美

完美主义是指一个人对自我设定了极端的高标准，要求结果完美，并以结果成败来进行严苛的自我评价。对自己严格要求固然是一件好事，但如果过分追求完美，很可能会适得其反。

过分追求完美的大学生对自己期望过高，不能容忍自己“不完美”的表现，对待自我十分苛刻，只接受自己理想中的“完美”自我，不肯接纳现实中平凡的或有缺点的自我。因为自我期待过高，达不到目标便会陷入沮丧或自我怀疑。

课堂互动

你是完美主义者吗？

（1）你总是全力以赴地追求高标准吗？

（2）你是否只关注自己没有完成什么，而不关注自己完成了什么？

（3）他人是否曾认为你的标准过高？

（4）你是否总担心自己无法实现既定目标？

（5）在实现目标之后，你会反复回顾自己的努力情况，并设定一个更高的目标吗？

（6）你的自我价值建立在目标达成情况上吗？

（7）如果过程中出现了问题，你是否会放弃追逐目标？

（8）你会因为害怕做得不好而拖延事情吗？

如果 8 个问题中，有一半或一半以上的问题你回答“是”，那么说明你身上具有完美主义的倾向。你如何看待完美主义？

（五）过分自卑

当一个人不能恰如其分、实事求是地进行自我分析，其自尊需要也得不到满足时，就容易产生自卑心理。形成自卑心理后，个体往往会从怀疑自己转变为不敢表现自己，从怯于与人交往转变为自我封闭，本来经过努力可以达到的目标，也会因认为“我不行”而放弃。

自卑者往往不能容忍自己的缺点和弱点，习惯否定、指责自己，看不到自己的价值或经常夸大自己的不足，感到处处低人一等、丧失信心，严重的还可能由自我否定发展为自我厌恶。

二、大学生自我意识偏差的调节

（一）以自我为中心的纠正

（1）平等相处，尊重他人。人与人之间的交往应以平等为基础。在人际交往中，大学生应学会平等待人，尊重他人，不过分苛求他人，也不对他人冷眼相待。

（2）接受批评，转变态度。对待他人的批评，大学生要秉持谦虚的态度，有则改之，无则加勉。但是，接受他人的批评并不是要完全服从他人，而是要能接受他人正确的意见。

（3）了解自己，了解他人。以自我为中心的人之所以固执己见，是因为他们既没有真正认识自己，也没有真正了解他人。

（二）过分独立意向的纠正

学会独立是大学生成长的表现，但过分独立对于大学生来说是弊大于利的。由于社会经验不足，大学生在处理某些重大问题时有可能会陷入危险，如在求职过程中落入不法分子的陷阱。因此，在遇到问题，特别是重大问题时，大学生要多征求家长、教师等的建议，综合判断后再做出选择，切忌一意孤行、草率行事。

（三）过分依赖心理的纠正

要想摆脱依赖心理，大学生必须学会自立。入学后，大学生要尽快熟悉新环境，适应新生活，确立新目标，自觉培养和锻炼自己自立自强、独立生活的意识和能力。同时，要积极主动地扩大人际交往，自觉融入寝室集体、班级集体。

（四）过分追求完美的纠正

“金无足赤，人无完人。”大学生要认识到，没有完美的人，也没有完美的事。“彻底的完美主义者”都是脆弱的。在追求远大理想的过程中，大学生要学会接纳自己的不完美，不断培养自己的反脆弱能力，学会在失败中总结经验、教训，学会享受过程。在与他人进行比较时，要学会选择合适的参照体系。

（五）过分自卑的纠正

正确地认识自我，全面地、无条件地接受自我、悦纳自我。对自己的一切，包括优点和缺点、成功和失败、顺利和挫折等都持肯定的态度，以形成自尊、自爱、自豪、自我接受、自我愉悦的自我信念。

第四节 自我意识的培养

一、正确认识自我

健康成熟的自我意识是以正确认识自我为基础的。认识自我不能单凭个人的主观印象，而是要在同他人的相互关系中，通过各种各样的实践活动，进行比较，才能客观、全面地认识自我。

（一）通过他人认识自我

唐代史学家吴兢的政论性史书《贞观政要》中有言："夫以铜为镜，可以正衣冠；以古为镜，可以知兴替；以人为镜，可以明得失。"

他人是一面"镜子"，这个"镜子"是个体获得自我观念、了解自我评价的一个媒介。大学生要学会用多面"镜子"认识自己，即学会观察和分析他人对自己的评价，尤其是父母、教师和同学的评价，来客观地认识自我、评价自我。需要注意的是，对于他人的评价要有一个正确的态度，既不能因过高的评价而骄傲自满，也不能因过低的评价而失去信心。

（二）通过内省认识自我

要正确地认识自我，还需要经常地反省自己。大学生必须学会自省，学会与自我进行对话，对自己的内心世界加以分析，以便能够识别自己的心理活动，有的放矢地进行自我调节。

（三）通过实践认识自我

通过实践来评价自己往往是较为客观的。例如，大学生通过分析自己的学习成绩，可以了解自己的理解能力、记忆力、思维能力的强弱及主观努力的程度等；通过对各门学科学习成绩的对比，可以了解自己的兴趣、能力等。因此，大学生要积极参与社会交往和社会实践活动，在实践中发现和展示自己的能力与才华，从不同领域、不同层次、不同角度寻找认识自己的机会，从而更为全面地评价自己。

趣味活动

请根据以下提示进行一次深入的"自我探索"。

第一步，问自己 20 次"我是谁？"。把头脑中浮现的答案一一写出来，如"我是××（姓名）""我是××学校的学生""我是一个热爱生活的人"等。想到什么就写什

么，不要有顾虑。每次的回答时间为20秒，如果写不出来，可以略过，继续往下写。

____

____

____

____

____

第二步，对自己的答案进行分析。分析的要点包括以下几个方面：

（1）答案的数量和质量。即一共写了多少个答案，答案中哪些方面的内容较多。

（2）回答的特性。① 符合客观现实的回答，如“我是大学生”等；② 需要主观解释的回答，如“我是一个外向的人”等；③ 中性的回答，即谁都无法做出准确判断的回答。

（3）回答的内容是否涉及自己的未来。若涉及，则表明有理想、有抱负，对未来有一定规划；若未涉及，则表明对未来考虑不多。

第三步，和周围的同学交流、分享，看看你眼中的自己和他人眼中的自己有何区别。

二、积极悦纳自我

悦纳自我包括3方面的内容：① 接受自己的全部，无论优点还是缺点，无论成功还是失败；② 无条件地接受自己，接受自己的程度不因自己是否做错事而有所改变；③ 喜欢自己，肯定自己的价值，有愉快感和满足感。

一个悦纳自己的人能够在接纳自己优点的同时，坦然地承认自己的不足，并能够不断改善自身的缺点，重新塑造自我形象，更加自信地面对生活。悦纳自我是一种修养，也是一种难能可贵的品质。

悦纳自我是发展健全自我意识的核心和关键。要想做到悦纳自我，需要做到以下几点：

（1）学会从“垃圾”中寻宝。任何一件事情都有两面性，缺点在某些时候也可能成为优点。当我们学会用欣赏的眼光看待自己时，就会发现自己有很多优点；相反，如果我们总是用消极的眼光看待自己，便会觉得自己全身都是缺点。

（2）接纳自己的负面情绪。生活中，每个人都会胆怯、会沮丧、会苦恼、会焦虑，很多人很讨厌自己出现这些情绪，进而讨厌自己。实际上，产生负面情绪是很正常的。从某种意义上来说，负面情绪是在提醒我们要对现状有所警觉。如果一个人不会因为自己的成绩差而感到沮丧，那他就不会想要努力学习；如果一个人不会因为和他人有矛盾而苦恼，那他就不知道自己的人际交往能力需要提升。因此，不要害怕产生负面情绪，要学会接纳自己的负面情绪，并想办法解决引起负面情绪的问题。

（3）无条件地爱自己。在日常生活中，我们总是会被动接受一些标准。例如，一个好学生的标准是学习好、听话、乖巧，一个成功人士的标准是收入高或社会贡献大。我们往往也会用这些标准来判断自己的价值。例如，一个大学生如果人际关系不好，他就会觉得自己没有价值，不值得被喜欢。每个人都是独特的存在，每个人的存在都是有价值的，每个人都应该学会无条件地爱自己。

三、有效控制自我

自我控制是个体主动改造自我的过程，也是个体对待自己的态度的具体化过程，同时，还是大学生健全自我意识和完善自我的根本途径。

大学生要有效控制自我，应做到以下 3 点：

（1）建立合乎自己实际情况的抱负水平，确立合适的理想自我。合理的奋斗目标对人的行为具有引导作用和激励作用。大学生可以把远大的理想分解成不同的子目标，由近及远，由低到高，逐步加以实现。

（2）增强自尊和自信，使自己有为实现理想自我而努力的更强大的精神动力，激励自己不断奋进。大学生要学会将社会需要转化为内在动机，不断进行自我监督、自我说服、自我激励。

（3）培养顽强的意志和坚强的性格。经常同懒惰、安逸、松懈、逃避困难等消极倾向做斗争，发展坚韧性和自制力，使自己能自觉主动地为远大理想而不懈奋斗。

四、恰当塑造自我

认识自我、接纳自我，都是为了塑造自我，完善自我。当代大学生在塑造自我时，需达到以下 4 个目标：

（1）“游刃有余的我”，即不给自己提出脱离实际的过高要求，而是给自己设计可以达到，但又不能非常轻易达到的目标。

（2）“独一无二的我”，即不人云亦云，在刻意模仿中迷失自我，而是在接受自我的过程中，扬长避短，展示出自己的特色。

（3）“极品内涵的我”，即立足现实，选择适合自己的正确人生道路，充分实现自己的人生价值。

（4）“社会欢迎的我”，即立身行事要有正确的价值取向，能够得到社会认可。

大学生要把塑造自我、完善自我的意识贯彻到每一个具体的行动中去，从点滴小事开始，从现在做起，将个人理想和社会现实结合起来，时刻感受到自身肩负的历史使命，充分发挥自我教育、自我创造的能动性，使自己的能力、品性得到最大限度的展示，不断提高自己的自信心与自制力，坚持不懈地在克服困难和实现理想的过程中塑造自我、完善自我。

心灵驿站

珍惜生命，关爱自己

认识自我，接纳自我，能体验到自己存在的价值，乐观自信，这样的人才能用尊重、信任、友爱、宽容的态度与人相处，能分享、接受、给予爱和友谊，能与他人和谐相处。也就是说，爱自己才能更好地爱他人。

爱就像是空气，没有了它，我们无法活下去。爱和空气一样，本来就存在着，它不是因为有人爱我们，它才存在。爱一直都在那里。我们没有发现，我们不知道它就在那里，那是因为，我们刻意地隐藏了这个本能。因为，爱的本能就是——爱自己。

毕淑敏在《你要好好爱自己》一书里说：“好好爱自己，是简单朴素的常识。可是这世上有多少人，能够懂得、能够记住、能够做到呢？”是的，尽管有些人能够懂得要爱自己，但是又有几个人能做到好好爱自己啊！许多时候，考虑到各方面的关系，我们常常委曲求全，难为自己，甚至舍弃了自己的快乐和幸福。

其实，爱自己的方式有很多——

给自己一个拥抱，学会温暖自己；

给自己一个微笑，学会快乐自己；

给自己一声问候，学会关心自己；

……

如果喜欢“采菊东篱下，悠然见南山”的恬淡，那么，就去寻一处心灵的桃花源，在一片净土上，迎着一缕清风，找到心的皈依，栖居自己的诗意和灵魂。若是渴望“种花种草种诗意，养鱼养虾养性情”的生活，那么，就抛却繁杂，远离灯火阑珊，将平淡如水的日子过出几许清幽。所有自己向往的美好，都可以努力去实现。如同夏荷一样，不为取悦谁，只为愉悦自己，尽管兀自芬芳着。

每个人有每个人的生活方式，不管怎样，好好生活就是生活的最佳状态。最好的告别就是好好告别！我们的明天就是对昨天的告别，所以要好好生活，不辜负每一天，以最好最佳的姿态面对每一天！

每年只有一天“5·25”，但是我们每年的每一天都可以“5·25”！

好好爱自己，善待自己的心灵；

好好爱自己，停止无用的自责；

好好爱自己，耐心地帮助自己；

好好爱自己，照顾自己的身体；

……

不管过去如何，不论未来怎样，从现在开始，好好爱自己，就是对自己最好的承诺。不要让这个世界的喧嚣，淹没了自己心疼自己的想法。好好爱自己，让每一天的阳光都灿烂，让每一天的自己都快乐。

懂得爱自己，就是赋予了生命最大的幸福——爱自己，是一切快乐的根源。

心理训练

我的长处和短处

【活动目的】

学会接纳自己和欣赏自己，肯定自己是一个独特的人。

【活动过程】

（1）请同学们认真填写表 2-1 中“我的长处”和“我的短处”这两部分的内容，填写时间为 5 分钟。

表 2-1　我是一个独特的个体

我的长处	我的短处
当我再一次看清楚自己的长处和短处后，我感到	

（2）请大家对照自己所填写的“我的长处”，认真思考一下你所填写的“我的长处”是否太少。如果是，那么，请问一下自己：我是否是一个自我意识比较差的人？我是否是一个对自己的长处视而不见甚至否定的人？

如果你对上述问题的回答是肯定的，那么，接下来你所要做的就是设法发掘自己的长处，努力对自己做出肯定的评价。

（3）将表格中所写的“我的短处”按“无法改变的”和“可以改变的”进行分类，并对可以改变的方面制订具体的改进计划和方法。

（4）在表格中“当我再一次看清楚自己的长处和短处后，我感到”一栏里，写下自己的感悟。

心理测试

测试一 你的自我意识如何？

大部分人都无法准确认识自己。通常，我们不是高估了自己，就是低估了自己。《自我意识测试量表》可以帮助你认识到对自己的判断误差。

《自我意识测试量表》由30个测试题目构成。扫一扫下方二维码，进行测试吧！

测试二 你自信吗？

这个测试可以通过《罗森伯格自信心测试量表》来完成。

《罗森伯格自信心测试量表》由10个测试题目构成。扫一扫下方二维码，进行测试吧！

自我意识测试量表

罗森伯格自信心测试量表

第三章

善驾学习之舟　畅游浩瀚宇宙

本章导读

学习是大学生的主要任务，对大学生的人生发展有着重要影响。从中学升入大学，环境、生活方式及人际关系的变化可能会使大学生产生较强烈的不适应感，这些不适应会不同程度地反映到学习上，导致大学生产生学习心理问题，甚至学习心理障碍。大学生如果不能处理好学习过程中的心理问题，其学习效果及身心健康将会受到严重影响。

学习目标

知识目标

◇ 了解学习的概念和类型

◇ 熟悉大学生学习的特点

◇ 掌握大学生学习能力培养的方法

◇ 掌握大学生常见学习心理障碍的调适方法

能力目标

◇ 能够运用多种学习方法进行有效学习

◇ 能够辨别大学生的学习心理障碍并进行调适

素质目标

◇ 明确大学学习的意义，自觉增强学习动机，提高学习兴趣

◇ 树立终身学习的理念，不懈努力，不断提高自身的综合素质

情境导入

学习有方法

陈某是一名高职院校的学生，通过大学期间的努力，他收获颇丰，多次获得“三好学生”“优秀学生干部”等荣誉称号及国家奖学金、企业奖学金。他还曾代表湖北队参加第 45 届世界技能大赛全国选拔赛，在网站设计与开发项目中发挥出色，顺利入选国家集训队。大三时，他顺利通过专升本考试，继续在武汉某本科院校学习深造。

当别人问及他在大学学习的感受时，他是这样说的：“我的高考成绩并不是很理想，进入大学后，我开始重新审视自己，希望给自己一个准确的定位。大一时，有很多社团我都想加入，但考虑到不能与学习时间冲突，所以再三权衡后我只加入了两个社团。之所以选择这两个社团，是因为我觉得在这两个社团里可以锻炼自己所欠缺的能力。同时，我也担任了班干部，因为这样我既可以为班集体服务，又能很好地处理与班里同学的关系。为了使这些工作与学习不产生冲突，我每天都有自己的学习计划，并严格按照计划行事，如果哪天有额外的工作耽误了学习，我一定会在第二天挤时间把功课补上。刚开始的时候，我的确很累，但工作上手之后，我就能轻松地做到工作、学习两不误了。大二时，专业课非常多，但我早已做了充分的准备。大一时，我就经常到图书馆借一些专业书籍看，特别是老师重点推荐的书籍，我基本上都熟读了好几遍。此外，我还经常与学姐和学长沟通，借鉴他们的学习经验。所以，大二时我并没有在专业课学习上感到吃力。大三时，学习基本稳定了，我努力钻研，积极参加学校组织的专业能力竞赛，因成绩优异，在老师的推荐下，我参加了省级、国家级的比赛。同时，我也开始考虑自己的毕业去向，最终决定专升本。回想自己大学的学习生涯，我认为安排好自己的学习时间和学习计划特别重要。”

你认为陈某在学习方面的哪些经验是值得借鉴的？

第一节 学习概述

一、学习的概念

学习的概念有广义与狭义之分。从广义上来讲，它是指人和动物的学习。目前许多心理学家都认同把学习定义为“基于经验而导致行为或行为潜能发生相对一致变化的过程”。这个定义说明：① 学习是一种基于经验的变化过程。也就是说，学习只有通过体验才能发生，体验包括个体对外界的认知过程和对环境的适应过程，在体验中完成从不知到知、从不会到会的变化过程；② 学习是学习者行为或潜能产生某种稳定变化的过程。也就是说，学习可以让你的一些行为发生变化，或者让你获得一种改变行为的潜能。

从狭义上来讲，学习就是指人的学习。大学生的学习是人类学习的一种，具体是指大学生在大学校园里，在教师的指导下，有目的、有计划、有组织地进行的学习活动。大学学习能帮助学生在较短的时间内系统掌握科学知识和技能，开发智力，培养个性，形成正确的人生观、世界观和价值观。

二、学习的类型

对学习进行科学的分类，有利于探讨和把握不同类型学习的特点和规律。但是，由于学习本身的复杂性以及心理学家们所依据的标准不同，学习的分类方法很多，常见的分类方法有以下几种。

（一）依据学习目标分类

美国教育家和心理学家布卢姆认为，学习可分为3大类，即认知学习、情感学习和技能学习。其中，认知学习可分为认识、领会、运用、分析、综合、评价6级，情感学习包括兴趣、态度和价值观等方面的变化，技能学习包括获得批判性思维和建设性思维所需的技能和习惯。

（二）依据学习内容和结果分类

我国心理学家依据中国教育的实际情况，把学习划分为以下4种类型：① 知识的学习；② 技能和熟练动作的学习；③ 以思维为主的心智技能的学习；④ 道德品质和社会行为规范的学习。

（三）依据学习方式分类

美国心理学家奥苏伯尔根据学习进行的方式，对其进行了划分：第一种是把学习分为接受学习和发现学习。在接受学习中，教学者把所学的内容以现成的或定论的形式提供给学习者，学习者并不需要独立探索、发现；在发现学习中，学习者必须自己去摸索规律、创造经验，进而获得知识。第二种是把学习分为机械学习和有意义的学习。机械学习是指通过死记硬背来积累知识，而有意义的学习是指在原有经验的基础上理解材料中包含的新信息。

（四）依据学习水平分类

苏联心理学家彼得罗夫斯基认为，依据学习水平可以把学习分为反射学习和认知学习两大类。反射学习是通过探索和试错来进行的，具有机械、无意识的特点。例如，马戏团动物的表演，大部分都属于反射学习。认知学习是通过观察、思考、练习、判断等认知活动来实现的。

第二节 大学生学习的特点

一、学习的独立性和自主性

大学学习以学生自主学习为主，教师指导为辅。因此，与中学学习相比，大学学习少了课堂学习的时间，多了课外自由支配的时间。通俗地说，在中学时是“要我学”，而到了大学则是“我要学”。大学学习强调的是独立性和自主性，主要体现在以下几个方面。

（一）学习时间的自由支配

除了上课外，大学生可以自由支配其他的课余时间。在这些自由支配的时间里，大学生可以到图书馆查阅与自己专业相关的资料，可以选择参加自己喜欢的学术讲座、专业论坛以及学校组织的各类竞赛等，以扩大或补充在课堂上所学的知识。此外，大学生还可以根据自己的专业选择兼职，以提高自己的专业实践能力。

（二）学习内容的自主选择

在大学里，除了公共课和专业必修课外，大学生可以依据自己的专长、兴趣来自由选择选修课。

（三）学习方法的自我调适

在大学的学习中，教师不会规定学生用什么样的方法来学习，只是提出学习的目标和要求，学生完全可以依据自己的习惯和需要来选择合适的学习方法，这充分体现了高校对学生自主学习能力培养的重视。随着我国高等教育体制改革的不断深化和完善，对人才的要求也越来越高，这就要求大学生必须全面发展、培养自己的综合素质能力，能够主动地、有主见地学习，能够具有较强的自我意识和主体意识，以更快地适应大学学习生活。

二、学习的专业性和选择性

大学与中学教育的不同之处在于，中学是基础教育阶段，学生学习的内容不分专业，具有很强的基础性；而大学则是专业教育阶段，职业定向性非常明显，大学的学习目标是学好专业理论与专业技能，为将来就业、创业打基础。所以，大学生应根据自己的兴趣、爱好及特点选择适合自己的专业，且在学好专业知识的同时，拓宽自己的知识面，不断更新自己的知识体系，实现“一专多能”，以便更好地适应社会。大学的学习给了学生自主选择的权力，这在一定程度上要求学生必须具备一个完善的自我认知系统和较强的自我控制能力，这对于意志力薄弱且自我控制能力差的学生来说是一个巨大的挑战。

三、学习的人性化和多样化

与中学相比，大学的学习方式更人性化、多样化。教师多采用开放式、讨论式、启发式和探索式的教学，学校会举办各种类型的讲座、创办大学生创业基地等，这些都为大学生学习提供了广阔的空间。此外，大学生除了能在课本上学到知识外，还可通过学校图书馆的电子数据库或其他内部网站免费下载各类学习资料。

四、学习的探索性和研究性

大学学习具有一定的探索性和研究性，它是以培养学生追求卓越的态度及发现问题、提出问题、解决问题的能力为目标的学习。在大学学习中，大学生要自己选择“学什么”，自己设计“怎么学”，并能预测和期望“学到什么程度”。目前，大部分高校鼓励学生通过技能竞赛和专业比赛等方式探索学习，获得丰富多彩的竞赛体验和专业知识。

五、学习的接受性和创造性

大学学习是一种以接受性学习为基础的创造性学习。奥苏伯尔曾提出，有意义的学习这一概念，要求学生积极主动地把新知识纳入原有的认知结构，找出新旧知识之间的相同点和不同点，不断重建和完善自己的认知结构。因此，有意义的学习可为学生的创造性学习打下坚实的基础。大学校园强调“第一课堂”与“第二课堂”相结合，实际上就是以接受性学习为根本，激发学生的学习动机和兴趣，以扎实的专业知识为基础，培养学生的创新意识和创新潜能。

课堂互动

当今世界飞速变化，新情况、新问题层出不穷，知识更新的速度大大加快。有观点认为，对于大学生而言，树立终身学习、全面学习、自主学习、快速学习与创新学习的观念十分必要。

思考与交流：你如何看待上述观点？你平时是如何学习的？你是否愿意有意识地培养自己的学习能力，自觉树立终身学习、全面学习、自主学习、快速学习与创新学习的观念？

第三节 大学生学习能力培养

大学生要适应未来社会的发展，就必须学会学习。学习能力已成为当代大学生的核心竞争力，是大学生在理论学习和实践过程中所必须具备的最基本的能力。

学习能力是一个复杂的、多维度的、多层次的心理现象。它是其他能力的基础，是在很多基本活动中表现出来的一种较为稳定的心理特征，包括观察力、记忆力、视听觉能力、思维能力、分析能力、抽象概括能力、意志力和理解能力等。学习能力作为当代大学生能力结构的组成部分之一，是指学生用以指导自己学习活动的策略和技能的总和，这些策略和技能是学生通过自己的学习活动获得和形成的。学习能力的提高过程就是学生从“不会学”到“会学”的转变过程。

大学生要想提高自己的学习能力，应该注重培养以下几种能力。

一、认知能力

认知能力是指大学生运用科学的学习策略和学习方法，独立地获取、加工、提取、运用学科知识，并分析和解决问题的能力。大学的学习过程大体可分为基础学习、专业学习和实践学习三大阶段，而大学生认知能力的培养就贯穿在这三个阶段当中。

首先，在基础学习阶段，主要是培养自我规划的能力。例如，找出自己的不足之处，对自己有一个基本正确的评估，明确自己的努力方向，为未来的学习生涯做一个简单的设计和规划。

其次，在专业学习阶段，要先对自己所学的专业有一个全面、深入的了解，包括其难易程度、未来发展方向、社会功能和就业前景等，然后依据自己的基础条件和对专业的正确理解制订具体的学习目标及发展方向，并在学习的过程中针对不同的学期和课程，动态地调整和修改目标。

最后，在实践学习阶段，通过参加各种课外活动来提升自己的应用和创新能力。例如，可参加学校社团活动，这类活动通常会为学生提供学习、交流和展现才能的机会，参加这些活动可以达到创造性学习的目的；也可参加学校或学院举办的系列学术讲座或翻阅专业相关的学术报告，通过这些讲座和报告，可以了解学科前沿的新动态、新知识，增长见识，开阔视野和思路；还可在寒暑假找一些单位进行实习，为自己将来找工作做好充足的准备。

二、自我监控能力

大学生要主动培养自我监控能力，即在学习过程中进行自我检测、自我调节和自我控制，并通过不断反思、复盘，适时调整学习方法，以保证学习任务的完成。大学生要培养自我监控能力，首先要清楚了解自己在每个学习阶段的特点，把握自己的学习节奏。其次要明确各学习阶段之间的关系，明确自己在进入下一个学习阶段时还需具备哪些知识与技能。再次，要稳定自己的学习情绪。当在学习过程中出现低落情绪时，可以采用合理宣泄、转移注意力等方法把自己不合理的情绪宣泄或释放出来，待心情平静后再进入学习状态。最后要强化学习的意志力，一旦确定了学习目标，就应想方设法达到，当然也可以在小范围内做适当的调整。

三、运用学习策略的能力

“工欲善其事，必先利其器。”只有学习方法正确，才能达到事半功倍的效果。在大学里，随着专业学习的不断深入，大学生只有运用更加科学、有效的学习策略才能学好专业知识。因此，大学生应在借鉴别人学习经验的基础上，依据自己所学内容的特点和实际情况，逐步探索出科学、有效的学习策略，并应用于学习中。培养对学习策略的运用能力，可从以下两个方面入手。

（一）合理管理学习资源

学习资源的管理主要包括对学习时间、学习环境、学习心境和学习工具的管理。大学生是否善于利用并有效管理自身及学习环境中的资源，会深刻影响其学习效率和学习质量。

首先，在时间管理策略上要掌握好三个总原则和五大法则。三个总原则，即统筹安排

学习时间，高效利用整块时间，灵活利用零碎时间。五大法则，即设立明确的目标，列一张总清单，用80%的时间来做20%最重要的事情，保证“不被干扰”时间，同一类的事情最好一次做完。也就是说，在学习过程中，大学生一定要确定好学习任务的轻重，掌握好时间的机动性，安排好每天必需的上课时间、工作时间、自习时间和休息时间，并留有一定的弹性时间。

其次，对学习环境的挑选也是非常重要的。例如，如果对声音不敏感，那么在宿舍学习也是可以的；如果对环境的要求非常高，则最好选择在图书馆、自习室等地方学习，以尽量减少他人对自己学习的干扰。

再次，在学习过程中，大学生要尽量保持愉快的心情。例如，多挑选一些中等难度的学习任务去完成，这样有利于激发自己对学习的兴趣，提升对学习的信心。

最后，大学生要善于求助他人或利用学习工具。在学习过程中，遇到困难应及时寻求同学或教师的帮助，也可通过网络或查阅学校图书馆的书籍、电子书库等寻求解决方法。

（二）掌握有效的学习方法

大学生应在以下几个主要环节中把握好学习方法。

（1）预习。大学教师讲的知识比较灵活，不全在教科书上，如果事先不预习，在课堂上容易抓不住重点。所以，大学生应做好课前预习，这样不仅可以培养自己独立思考的能力，还可以提高学习新课的兴趣，掌握学习的主动权。

扫一扫

有效的学习方法

（2）听课和记笔记。在大学里，上课时不应忙着记笔记，关键是要仔细地听教师的讲解及提问，开动脑筋，积极思考，等真正听懂后再做笔记。下课后，应花几分钟时间回想一下这堂课教师所提的问题，以巩固课堂所学的内容。每天晚上，应根据课上听到的和课后想到的整理自己的学习笔记。

（3）做作业和考试。做作业是一个巩固和消化知识的过程，而考试是对知识掌握程度的检验，它们都能帮助大学生找出自身的薄弱环节，以供后期有针对性地改进。在做作业的过程中，一定要举一反三、触类旁通；对考试要有正确的态度，不作弊、不单纯追求高分，而应把考试作为检验自己学习效果和培养独立解决问题能力的演练。只有这样，学到的知识才会更扎实。

林家翘的三阶段记笔记法

我国著名的科学家和教育家钱伟长曾经给大学生讲过这样一个故事：我有个同学叫林家翘。上大学的时候，他除了每天晚上整理一次课堂笔记，写出一个摘要外，每个月还要再重新整理一次，把其中的废话全删掉，把所有的内容综合起来，整理出一个阶段的学习成果。每学期复习结束时，一门课的笔记经过他的综合整理后，只有薄薄的一本，大概十几页吧。一个学期所学习的知识，就完全消化成了他自己的东西，他复习时就看这个，边看、边回忆、边思考，每次考试成绩都名列前茅。正确的记笔记的方法，应该是把老师和别人的东西，经过认真思考和消化，变成自己的东西。林家翘分三个阶段记笔记的过程，就是一个不断消化的过程，通过这个过程来加深对知识的理解。

四、创新思维能力

创新思维是一种具有开创意义的思维活动，它是以感知、记忆、思考、联想、理解等能力为基础，以综合性、探索性和求新性为主要特征的高级心理活动，是整个创新活动的核心。大学生要想开发自己的创新思维能力，应做好以下两点。

（一）努力培养自己的创新意识

创新意识是指探索、求新、求异的需要和动机，它会激励大学生勤于思考，发现并提出问题。只有在强烈的创新意识的引导下，大学生才可能产生强烈的创新动机，树立创新目标，充分发挥创造潜能。大学生要培养自己的创新意识，应做到在课堂上发挥丰富的想象力，勇于突破思维定式的束缚，敢于提出问题，在学习中坚持不唯上、不唯书，只唯实，并在课后积极地把学到的知识广泛地迁移到学习新知识的领域中去。

（二）多参加社会实践，培养自己的创新人格

当代大学生个性鲜明，渴望成功，强烈希望拥有创新人格，因为创新人格能引导他们在现实面前勇于进取、开拓创新，实现自己的理想和追求，但创新人格是需要在社会实践的土壤中逐渐培养起来的。目前，各高校都在努力创办大学生创新实践活动基地，如大学生创业孵化中心、大学生创业基地等，学校也经常有计划地组织学生参加社会调查、访谈等活动，让学生学习课堂上学不到的知识。这些都为大学生创新人格的培养奠定了良好的基础，大学生应抓住这些实践机会，培养自己的创新人格。

第四节 大学生学习心理障碍及其调适

从中学升入大学，由于生活环境、学习环境和人际关系都发生了很大改变，大学生很容易出现一系列不适反应，特别是在学习动机、情绪、意志、理想、信念等方面。而这些

方面的问题和不良倾向容易引起大学生的学习心理障碍，若不及时调适，会影响其正常的学习活动，以及智力的开发和创新能力的发展。因此，深入了解自身学习心理状况，及时发现问题并做出适当的调适，是非常重要且必要的。

一、大学生学习动机障碍及其调适

经常会有大学生抱怨“学习没劲”“对学习没兴趣”“虽然我的成绩还不错，但我总觉得成绩不够好，没有达到我的预期目标”等，这些学生之所以会出现这些问题，是因为他们的学习动机缺乏或过强。心理学家研究发现，动机强度在一定范围内，依据学习内容的难易程度会对学习活动产生不同程度的正面影响，动机强度过低或过高都会对学习产生不利影响。

（一）大学生学习动机障碍的表现

学习动机障碍是指大学生由于学习动机缺乏或过强所产生的一系列学习心理问题，其主要表现有：① 没有明确的学习目标或目标太高导致无法实现；② 低自我效能感（个体对自己的学习能力和学习行为影响学业成绩所持有的有效或无效的主观体验）或争强好胜心理。

（二）大学生学习动机障碍产生的原因

（1）个人原因。个人原因是大学生学习动机障碍产生的主要原因。大学生很容易走两种极端：一种是由于缺乏自我效能感，学习目标不明确，对专业没有兴趣。如果不加以调整，久而久之很容易产生厌学情绪，若再受到社会上错误价值观的影响，更会丧失努力学习的动机，不愿再奋斗。另一种是有很强的学习欲望，但却是建立在不恰当的认知模式之上的。例如，有的大学生具有完美主义倾向，认为自己非常优秀，一定要在学习上超过别人；有的大学生带有一定的补偿心理，因为家境不好或相貌平平，自己又无其他特长，于是力图通过优异的学习成绩弥补上述不足。

（2）社会和家庭方面的原因。从社会方面来看，大学生就业形势严峻，且社会上存在的一些就业不合理、不公平现象也会不同程度地影响大学生学习的积极性。从家庭方面来看，有些家长不重视孩子的成长教育问题，认为学习好坏无所谓，能挣到钱才是硬道理；也有一些家长往往在孩子身上倾注太多不恰当的期望，对大学生提出过高的要求，导致大学生学习压力过大。

（3）学校方面的原因。当学校存在以下问题时，都会导致大学生产生学习动机障碍：学校专业设置不合理，在一定程度上脱离实际需要；校园文化与学习氛围不浓厚；教师的授课方式单调乏味；学校过于看重学习成绩；等等。

（三）大学生学习动机障碍的调适

（1）明确学习意义，培养专业兴趣。大学生不能只把学习的意义定位于父母的期望、将来能毕业拿文凭、找一份好工作等。而应认识到学习是增强自身综合素质和获得更好发展的需要，是适应社会的需要。只有认识到学习的真正价值，个体才会有责任感和使命感，从而增强学习的欲望。当然，也有部分大学生对所学的专业不感兴趣，但兴趣不是天生就有的，通过不断地了解自己的专业，并在专业学习中获得一定的满足感、成就感后，会对所学专业慢慢产生兴趣。

（2）改变不恰当的认知模式，进行正确的归因。很多大学生在学习过程中容易产生一些不合理的信念，如“我付出了努力，就一定会取得好成绩”“只要我成绩好，其他都无所谓”“我总是学不会，一定是自己太笨”等。如果总把学习的焦点放在结果而不是过程上，那么必然会承受不住失败的打击，从而产生退缩心理。所以，大学生要找出那些对待学习的不合理信念，做正确的归因，比如“我付出了努力，成功的概率就会大一些”“我这次没有考好，可能是学习方法有待改进，下次一定要吸取教训”等。大学生依据正确的认知模式进行合理的归因，才能保障学习的有效进行。

（3）正确评价自己，增强自我效能感。大学生在学习过程中一定要客观评价自己，要在正确认识自己能力的基础上确立适当的学习目标，既不放低要求，也不好高骛远。同时，大学生在学习过程中一定要注意循序渐进，先从容易的目标开始，在取得一定成果后进行复盘，并让身边的朋友对自己进行评价，总结经验后，再去挑战下一个目标。这样不仅可以很好地调节自己的目标和期望值，正确评价自己，增强自我效能感，还能培养对学习的兴趣和信心。

案例分析

梅梅在高中时期的成绩很好，她是所有人眼中考重点大学的好苗子。但是，由于过度紧张，她在高考中没有发挥好，最终上了一所普通的大学。

进入大学后，梅梅给自己制订了许多学习计划，每天规律作息，把大部分时间都花在了学习上。她珍惜每分每秒，每天都十分忙碌，像一只陀螺一样飞速地运转着。有时候放松一会儿，她就会产生罪恶感。她不喜欢在教室或者图书馆自习，因为她觉得可能会遇到同班同学。如果看到同学在考试前很努力地学习，她会非常害怕他们在短时间内超过自己。

然而，随着时间的推移，梅梅并没有达成自己的目标，反而离预期的目标越来越远，每一个阶段都完不成自己的既定计划，她开始怀疑自己的学习能力，甚至不断地自责，怪自己不够努力，多年积累的自信也受到了挑战。这些焦虑情绪让她对未来十分担心，以致寝食难安。

在持续失眠了一段时间后，梅梅觉得自己需要寻求一些帮助。于是，她来到了学校的心理咨询室。咨询室的老师了解了梅梅的情况后，协助梅梅分析了她处于目前这种焦虑状态的原因，并引导她“慢下来”，尝试寻找改变现状的方法。

【分析与点评】

梅梅的问题主要在于学习动机过强，对学习持有不合理信念。学习动机过强与学习动机缺乏一样，也会影响大学生的学习效率，还有可能导致其产生心理困惑。要避免学习动机过强，大学生应做到以下几点：① 正确地认识自我，对自己进行全面的分析，并在此基础上确立适当的学习目标；② 找出并破除自己在学习上产生的一些不合理信念，量力而行，不好高骛远，不盲目攀比，不操之过急。

二、大学生学习注意力障碍及其调适

（一）大学生学习注意力障碍的表现

注意力是指人的心理活动对一定对象的指向和集中，它是人进行观察、思维和想象的一种准备状态。如果出现注意力障碍，个体会很难集中精力去清晰地感知事物并深入地思考问题。在学习上，注意力障碍的表现主要有：① 上课时容易开小差，不能专心听讲；② 学习时很容易受外界环境的影响，如别人不经意的咳嗽都会干扰自己的学习；③ 学习时心猿意马，总爱做一些小动作，如不停地转笔、抖腿、玩手机等，不能把注意力集中在学习上。

（二）大学生学习注意力障碍产生的原因

大学生学习注意力障碍产生的原因主要有：① 对学习活动认识不足。认为教师讲课太枯燥，不想听，或觉得做作业纯属多此一举，因而缺少学习的自觉性。② 学习动机不强。尤其是大一新生，由于刚参加完高考，总想放松一下，而且认为离大学毕业尚早，于是出现了“理想间歇期”，导致学习动机较弱。③ 学习兴趣不高。所学专业不对口，或考上的大学不是自己理想的学校，失落感比较强，很难把心思放在学业上。④ 缺乏自控力。没有明确的学习目标，没有压力，没有紧迫感，没有计划，也未形成良好的学习习惯。⑤ 精力不足。例如，参加的社团活动过多，导致身心疲惫，无法专注于学习。此外，大学生也很容易受学校或班级的一些不良学习风气的影响，使注意力难以集中。

（三）大学生学习注意力障碍的调适

（1）明确学习目标，强化学习动机。学习注意力障碍产生的最主要原因是对学习缺乏动机和兴趣。如果大学生没有明确的学习目标，不去深入地了解自己所学的专业内容，那么就很难培养出浓厚的学习兴趣。所以，大学生在大一时就要做好自己在整个大学时期的学习规划，分阶段、分内容地一步步推进，这样就能够约束自己集中精力去学习。

（2）养成良好的学习习惯，保持最佳的学习心态。每个人都有自己的学习风格和习惯，有的人喜欢晚上看书，有的人则喜欢白天看书，有的人喜欢在热闹的环境下思考问题，有的人则喜欢静静地一个人学习。每个人都可以依据自己的学习风格养成良好的学习习惯，并做到劳逸结合，使自己始终带着愉快的心情去学习。

（3）进行科学的注意力训练。注意力训练的方法有很多种，选择适合自己的即可。

趣味活动

请根据以下步骤探寻“我的学习心理”。

（1）请静心思考并根据自身的实际情况完成下列句子：

我学习是为了____

____。

我感兴趣的课程是______________，对该课程感兴趣的原因是______________

____。

我成绩最好的学科是__________，取得好成绩的原因是______________

____。

对于需要记忆的学科，我是__________________进行记忆的，效果__________

____。

（2）将学生分为5～8人的小组，组内成员分享刚刚填写的内容，并针对以下几点进行讨论交流：

a. 为什么要明确自己的学习动机？

____

____

b. 大家的学习动机都一样吗？

____

____

____

c. 你从同伴那里学到了什么？

____

____

____

三、大学生学习疲劳及其调适

学习疲劳是指人由于长时间地持续学习，在生理和心理方面产生了倦怠感，致使学习效率下降，甚至到了无法继续学习的状态。

（一）大学生学习疲劳的表现

学习疲劳的表现形式有很多种，主要可归纳为两大类，即生理疲劳和心理疲劳。

生理疲劳的表现有体质明显下降、睡眠质量下降等，严重者甚至会出现肌肉痉挛、眼球疼痛等症状。

心理疲劳可表现为焦虑、忧郁、躁动、学习效率低、精神萎靡不振、没有成就感等。

（二）大学生学习疲劳产生的原因

学习疲劳产生的原因是多种多样的，它不仅取决于学习的性质和数量，也与一个人的学习动机、学习态度、学习方法及周围环境条件有关。

有研究指出，只要是需要集中注意力、积极思考和记忆的学习活动，都容易让人产生学习疲劳。此外，不愉快的学习较愉快的学习更容易让人疲劳，学习内容的单调性也会引起学习疲劳。就个人而言，有的大学生学习持续时间过长，不能做到劳逸结合；有的大学生因担忧成绩不理想而寝食难安；有的大学生没有找到适合自己的学习方法，虽刻苦努力，但学习成绩总是一般。久而久之，他们也会产生学习疲劳。另外，在不适宜的温度（或湿度）、噪声、缺氧、光线不良等外界环境条件的影响下，也会让人产生学习疲劳。

（三）大学生学习疲劳的调适

（1）合理安排学习，调整学习节奏和方法。

首先，要注意合理安排学习内容。如果每天学习的内容过难、过多，心理负担就会过重，容易引起学习疲劳，所以，大学生要合理安排各科的学习时间和学习内容，在学习过程中要做到难易结合、有张有弛。

其次，在学习方法上要注意把接受性学习转化为发现性学习。大学的学习多而杂，长时间处于被动接受状态很容易感觉疲劳，如果能够改变学习方法，主动地去探索知识，学习效果可能会更好。例如，上课前先把要学的知识预习一遍，标记有疑问的地方，上课时积极提问，下课后积极和同学讨论、分享等，这种互动的学习形式不仅不会让人感觉疲劳，还会让人加深对知识的理解。

（2）转换学习环境，注意劳逸结合。

学习疲劳是可以通过学习环境的改变和适当的休息而得到缓解的。长期在图书馆、教室或宿舍这些一成不变的环境中学习，可能会让大学生产生学习疲劳。如果能适时地走出去，找一个环境幽雅且空气新鲜的地方学习，能有效缓解疲劳且提高学习效率。

各种研究表明，休息具有良好的缓解疲劳的效果，尤其是午睡，对恢复因白天活动而产生的疲劳是很有效的，所以大学生应养成坚持午睡的好习惯。休息不一定都是消极被动的，如躺着不动，也可以是积极的，如听听轻松欢快的音乐、做做喜爱的运动、看看轻松幽默的电影等。

心灵驿站

矢志报国的数学家——苏步青

苏步青，中国科学院院士，中国著名的数学家、教育家，出生于 1902 年 9 月 23 日。在苏步青小时候，苏家并不富裕，直到苏步青 9 岁那年，父亲才狠下心，带他走了 50 多千米山路来到县城，并用一担米当学费，让苏步青插班到一所高小。

1915 年 8 月，苏步青考入浙江省立第十中学。在这里，他遇到一个改变自己一生的人——当时在十中教数学的杨老师。从日本留学回来的杨老师深知教育救国的重要性，于是，他一边上课教授数学知识，一边培养学生的爱国意识。教育救国也由此变成了一颗种子，埋在了苏步青的心里。也正是在这时，苏步青展露出自己在数学上的天赋。这天赋成功引起了当时的校长洪彦元的注意。到苏步青中学毕业时，洪校长已经调到北京教育部任职，但他仍关心着苏步青的学习，并寄来了 200 元资助苏步青留学。

1919 年 9 月，17 岁的苏步青以第一名的成绩进入东京高等工业学校电机系。1924 年，苏步青以第一名的成绩考入日本东北帝国大学数学系，师从著名几何学家洼田忠彦教授。1927 年，苏步青免试升入该校研究生院读研。求学期间，他利用课余时间卖报、送牛奶、当杂志校对编辑和家庭老师，挣钱当作学费。同时，他刻苦攻读，接连发表了 41 篇仿射微分几何和射影微分几何方面的研究论文，开辟了微分几何研究的新领域，被数学界称作“东方国度上升起的灿烂的数学明星”。1931 年 3 月，他以优异的成绩荣获该校理学博士学位，成为继陈建功之后获得该学位的第二个中国人。

此后，聘书像雪花似的飞来，苏步青却一一谢绝了。他认为，自己是祖国送出来学习的，学成后，应该回去报效祖国。1931 年 4 月，苏步青回到当时条件还较差的浙江大学任教。纵使教育和科研资源匮乏，生活平淡艰苦，但苏步青甘之如饴，他与被他称之为良师益友的陈建功先生，在浙江大学共同奋斗，致力于“把浙江大学数学系办成世界第一流的数学系”。

走上工作岗位后，苏步青在科研和教学上都取得了令世人叹服的光辉成就。他胸怀大志，牢固树立终身学习的理念，几十年如一日地静心搞研究，先后在仿射微分几

何、射影微分几何、一般空间微分几何及射影共轭网理论等方面做出了杰出的贡献，创建了国际公认的中国微分几何学派。在 70 多岁高龄时，他还结合解决船体数学放样的实际课题，创建和开始了计算几何的新研究方向。

此外，苏步青将自己的毕生精力都无私地奉献给了教育事业，为祖国培养了一大批优秀的数学人才。其中，在国内 10 多所著名高校中任正副系主任的就有 25 人，被选为中国科学院院士的有 5 人，加上中华人民共和国成立后培养的 3 名院士，苏步青的院士学生共有 8 名。在复旦数学研究所，苏步青更有谷超豪、胡和生、李大潜三位高足，他促成了三代四位院士共事的罕见现象。

在几十年的时间里，苏步青真正做到了矢志报国、为国育才。他的名字必将在群星中闪耀，照亮一代又一代莘莘学子前行的道路。

心理训练

考前焦虑的调适

【活动目的】

掌握放松的技能，学会缓解考试前的焦虑和紧张情绪。

【活动过程】

系统脱敏法特别适用于解除由于害怕某种情境而产生的焦虑。它能使人以轻快的状态想象自己接近或逐步接近引起焦虑的情境，直到自己在面对此类情境时不再感到害怕、焦虑。

请根据下列步骤尝试利用系统脱敏法缓解考前焦虑。

（1）设计一套考试焦虑程度想象情境的分级序列卡片。想一下过去经历考试的情境，如开始感到紧张是什么时候、地点在哪里、程度如何，并用小卡片分别把当时的情境描述出来。一种情境记在一张卡片上，并按紧张程度的大小依次排序。

（2）使自己进入放松状态，当全身处于完全松弛的状态时，就开始读第一张卡片（紧张程度最低的情境描述）。自己在想象卡片所描述的情境时如果能达到完全放松状态，就往下读第二张卡片，如此依次进行，直至读到无法再让自己保持完全松弛状态的卡片为止。每天坚持练习，直至自己能对所有情境描述都保持完全松弛的状态。

心理测试

测试一 你有学习方面的困扰吗？

这个测试可以通过《学习动力测试量表》来完成。

《学习动力测试量表》由 20 个测试题目构成。扫一扫下方二维码，进行测试吧！

测试二 你了解自己的学习状况吗？

这个测试可以通过《大学生学习风格测试量表》来完成。

《大学生学习风格测试量表》由 36 个测试题目构成。扫一扫下方二维码，进行测试吧！

测试三 你的创造力如何？

这个测试可以通过《创造力测试量表》来完成。

《创造力测试量表》由 50 个测试题目构成。扫一扫下方二维码，进行测试吧！

学习动力测试量表

大学生学习风格测试量表

创造力测试量表

第四章

塑造健全人格　释放真实自我

本章导读

人格是一个十分复杂的心理现象，是一个由不同成分构成的结构系统，包括需要、动机、兴趣、能力、气质、性格和自我调控系统等。每个人都是不同的，都具有自身独特的人格特征。例如，有的人活泼开朗，有的人沉静内敛；有人的冲动莽撞，有的人小心谨慎……这些都是人格差异的表现。大学阶段，随着大学生自我意识、社会认知能力等迅速形成并逐步趋于成熟，其人格也正迅速趋于成熟。

学习目标

知识目标

- ◇ 了解人格的含义、特征和结构，明确人格差异的体现
- ◇ 了解大学生人格异常的原因
- ◇ 掌握大学生常见人格异常的调适方法
- ◇ 明确大学生健康人格的标准，掌握大学生健康人格的塑造方法

能力目标

- ◇ 能够结合自身气质进行职业选择
- ◇ 学会欣赏和理解每一种气质类型的人

素质目标

- ◇ 尊重他人的个性，不随意评判他人
- ◇ 在日常生活中主动健全和完善自身的人格，实现自我发展

情境导入

我的性格能改变吗？

瑶瑶是一名大二的学生，内向腼腆，平时不爱说话，很安静。她从小与别人交流就少，对人际关系的需求也不强烈。在上大学前，她没有住过校，每天放学回到家后就在自己的房间里做自己喜欢的事情，如听歌、看书等。自从上了大学，住进了学生寝室，她就有了人际关系困扰。由于不善于与别人交流，时间长了，她感觉宿舍的同学对她比较冷淡。

瑶瑶不想一直这样下去，但又不知道该跟室友说些什么，怎么说合适。她一个人独来独往，看到其他人在一起有说有笑，感到越来越孤单。瑶瑶迫切地想改变自己内向的性格，成为一个外向活泼的人。

你认为一个人的性格可以改变吗？瑶瑶应该如何做才能摆脱当前的困扰？

第一节 人格概述

一、人格的含义

人格是什么？对于人格的定义，心理学家们众说纷纭。综合各心理学家对人格的定义，可将其归纳如下：人格是指一个人区别于他人的稳定心理特征，它与每个人的行事风格或行为模式密切相关，由遗传因素和后天环境共同塑造而成。

二、人格的特征

（一）独特性

每个人都有不同的天性（由遗传因素决定），又在不同的环境条件下成长起来，因而每个人都有独特的心理与行为特点，这就构成了人格的独特性。

然而，人格的独特性并不意味着人们的人格毫无相同之处。在同一文化形态下，大多数人往往会存在共有的特质，如中国人的勤劳，英国人的矜持，法国人的浪漫，等等。因此，个体人格既具有特定文化下的共性，也具有个体差异性，是类属性与个体差异性的统一。

（二）稳定性

人格的稳定性是指个体的人格特征具有跨时间的持续性和跨情境的一致性，正所谓“三岁看大，七岁看老”“江山易改，本性难移”。

当然，人格具有稳定性并不意味着它在人的一生中是一成不变的。人格的发展反映出个体自我成长和社会关系的交互作用过程，具有阶段性和递进性。也就是说，人格在某一特定阶段或特定环境中具有相对稳定性，同时也会随着年龄、环境、教育等因素的变化而发生改变。大学生正处在生理机能基本成熟、心理尚未成熟的特殊阶段，其人格还不够完善，还有很大的发展空间，具有较强的可塑性。

（三）功能性

人格支配和主宰一个人的生活态度和生活方式，甚至能够决定一个人的命运。当面对挫折与失败时，坚强者能够不屈不挠、奋勇向前，懦弱者会缩手缩脚、一蹶不振，这就是人格功能性积极与消极的不同表现，个体人格功能也因此划分为积极性功能与消极性功能。

人格的积极性功能是指个体人格在个人成长和发展中发挥着一种积极的作用，能够促进个体选择正确且符合社会发展和时代要求的人生之路；人格的消极性功能是指个体人格在个人成长和发展中发挥着消极的作用，促使个体选择错误的甚至是对社会有害的人生之路。积极人格能够促进个人成长、成熟和成功，消极人格则会阻碍个人走向成熟和成功。

（四）统合性

人格的统合性是指个体人格的整体性特征，它不是人的各方面特质的简单相加，而是一个人全部心理特质的完整统一，是各种因素错综复杂地相互联系、交互作用的完整功能系统的综合体现，单独哪一个方面都无法涵盖一个人全部的心理特质。

当一个人的人格结构在各方面彼此和谐统一时，他的人格就是健康的，否则就会出现适应的困难，甚至出现人格障碍或人格分裂。这就说明，人格的统合性是心理健康的一个重要指标。

课堂互动

某个周末，佳佳和朋友一起到某餐厅吃饭。两人正在聊天时，听到一位女士大声地和服务员说话：“你们餐厅是不是属于某某集团啊？到底好不好吃啊？”佳琪和朋友的注意力一下子就被吸引过去了——那是一位中年女士，剪着利落的短发，穿着格子衬衫和牛仔裤，一个人吃饭。佳琪和朋友对视了一眼，心中对这位女士有了一个判断。

思考与讨论：通过上述情境，你是否也在心中对这位女士有了自己的判断？你认为通过他人的一些行为表现就对其做出判断是否可取？

三、人格的结构

人格是一个十分复杂的心理现象，是一个由不同成分构成的结构系统，包括需要、动机、兴趣、能力、气质、性格和自我调控系统等。其中，气质与性格是人格的重要方面，构成了个体各不相同的人格心理特征。

弗洛伊德的人格结构理论

弗洛伊德提出，人格由本我、自我和超我 3 部分构成。

（1）本我。本我代表人的本能和欲望，是个体人格结构中最原始的部分。本我遵循“快乐原则”，追求直接的、绝对的和立即的满足。

（2）自我。自我是个体在与外界环境接触的过程中，通过学习而由本我发展起来的。自我遵循“现实原则”，一方面，它为了满足本我的需求而行动；另一方面，它又在超我的要求下，对本我加以约束和压抑，管制不被超我所容许的冲动。自我是人格结构中最为重要的部分，是本我与超我的协调者。

（3）超我。超我是人格结构中的最高层次，是个体在社会化过程中将社会规范、道德观念等内化而成的，是我们通常说的良心、理性。它对个体的动机、欲望和行为进行管制，使自我符合社会规范，帮助个体形成完善的人格。它遵循的是“理想原则”，凡不符合超我要求的活动都将引起个体的良心不安、内疚甚至产生罪恶感。

弗洛伊德认为，一旦超我形成，自我就要同时协调本我、超我和现实三方面的要求。这样，人的一切心理活动就可以从本我、自我和超我三者之间的关系中得以阐明。本我、自我和超我之间不是静止的，而是始终处于“冲突—协调”的矛盾运动之中。本我寻求本能欲望的满足，是必要的原动力；超我监督、控制自我按照社会道德准则行事；而自我既要反映本我的欲望并找到满足途径，又要接受超我的监督，还要分析现实的条件和处境，以促使三者内部协调并保证个体与外界的交互活动顺利进行。一旦三者之间的关系出现不平衡，就会引起个体心理失调，影响个体人格的发展。

四、人格的差异

由于遗传因素和后天环境的不同，不同个体的人格会存在一定的差异，这主要体现在个体的气质与性格方面。

（一）气质差异

四种气质类型

气质是人格心理特征之一，相当于人们日常生活中所说的脾气或性情。它是个体与生俱来的心理活动动力方面的特征，主要表现为心理活动的发生速度、强度、稳定性和指向性等。例如，人们通常会用“急性子”“有耐性”“敏感”“迟钝”“冲动”“文静”等词语来形容一个人的气质。

气质类型的划分方法有很多，比较经典的划分方法是把人的气质分为多血质、胆汁质、黏液质和抑郁质 4 种类型。

（1）多血质。多血质的人活泼好动，善于交际，思维敏捷，具有很强的表达力和感染力，容易接受新鲜事物，外倾特性明显。但是，他们情绪波动较大，注意力容易转移，兴趣容易变换，做事往往缺乏持久性，意志力不够坚定。

（2）胆汁质。胆汁质的人直率热情，精力旺盛，反应迅速，行动敏捷，注意力稳定，经常能够以极大的热情对待工作，但有时缺乏耐心。同时，他们性情急躁，情绪容易产生波动，情感容易外露。

（3）黏液质。黏液质的人沉静、不好动，情绪比较平稳，喜欢沉思，但思维灵活性较差；有较强的自制力，也很有耐心，做事谨慎，但难以适应新环境，可塑性较差。

（4）抑郁质。抑郁质的人比较细心，喜欢独处，富于想象，情绪体验深刻，观察力敏锐，能够察觉到他人察觉不到的事物，对力所能及的工作能坚持到底。但是，他们比较孤僻，易多愁善感，做事优柔寡断，行动迟缓，受到挫折后常心神不宁，容易产生自卑心理。

有关研究表明，在现实生活中只具有某一种气质类型特征的人是少数，大多数人主要具有某一种气质类型的特征，同时又兼有另一种气质类型的某些特征。

（二）性格差异

性格也是构成人格的一个重要部分，是指个体对客观现实所持的稳定的态度，以及与之相适应的习惯化的行为方式。不同的人性格也有所差异，与气质不同的是，性格是人格中涉及社会评价的那一部分，更多地受环境的影响。通常来说，可以把人的性格分为活泼型、力量型、完美型和和平型 4 类。

（1）活泼型性格。活泼型性格的人外向、乐观，对人热情洋溢，能给别人带来无穷的欢乐，工作主动且有干劲，很受朋友的喜爱。但是，他们常以自我为中心，不关注他人，很难成为别人的知心朋友。

（2）力量型性格。力量型性格的人是天生的领导者，他们精力充沛，充满自信，做事积极主动，坚决果断，有责任心，但有时会独断专行。

（3）完美型性格。完美型性格的人是典型的理想主义者，他们追求完美，富有创造力和责任心，忠诚可靠，做事时注重细节，善始善终。但是，他们有时喜欢钻牛角尖，总想把事情做得尽善尽美，容易使自己压力过大，造成情绪低落。

（4）和平型性格。和平型性格的人乐观、善良，有耐心，善于应对压力，有很强的协调能力，但过分安静，缺乏主见。

第二节 人格的异常

一、人格异常的含义

人格异常是指从儿童期或青少年时期发展起来的人格缺陷，表现为人格发展的不良倾向。严重的人格异常会影响个体的社会功能，使其难以融入社会，甚至与社会发生冲突，给自己或他人造成伤害。

大学生中有相当一部分人存在着不同程度上的人格异常，主要表现有孤僻冷漠、悲观绝望、敏感自卑、狂妄嫉妒和偏执多疑等。大学生应正确认识自己的人格，高度重视自己的人格发展。

二、大学生人格异常的原因

人格是个体在与外界环境相互作用的过程中形成和发展起来的，会受到遗传因素和后天环境的影响。因此，大学生人格异常的原因也主要受遗传因素和后天环境的影响。

（一）遗传因素的影响

遗传因素是人格形成的自然基础，为人格的形成与发展提供了可能性。曾有心理学家把 139 对同卵与异卵双生子作为研究对象，分析研究了他们的人格发展情况。研究结果显示，尽管同卵与异卵双生子的生活环境大致相同，但同卵双生子人格之间的相似度远远高于异卵双生子。这就说明，遗传因素对个体人格特质的形成有一定程度的影响。

（二）家庭环境的影响

家庭是个体生活的重要场所，在个体心智发育未成熟的情况下，家庭环境对个体的人格发展有着重要影响。家庭环境对个体人格的影响通常发生于儿童期，这些影响往往是潜在的、长期的，在当时并不会有明显表现。

在家庭中，若父母关系紧张，就会给还处于发育阶段的儿童造成负面影响。一旦儿童

因此形成某种不好的行为模式，就可能会对儿童的人格发展产生影响，甚至使儿童产生人格障碍。例如，儿童如果发现在父母争吵时自己无能为力而只能逃避，可能就会发展成回避型人格。

此外，父母是孩子的第一任老师，父母的言谈举止、心理素质、品德和文化修养、对子女的教养方式等，都会影响其人格的形成和发展。

（三）社会环境的影响

人不是孤立的，而是社会中的一员。因此，个体人格发展必然受其所处社会环境的影响。当今社会是一个信息社会，我们每天都被各类信息包围。大学生心智发展尚未完全成熟，容易被一些负面的、不健康的信息诱导，从而影响其人格的发展。

此外，当今社会是一个竞争的社会，竞争压力较大，这也会给大学生的人格发展造成一定的影响。

（四）学校环境的影响

学校环境对大学生人格的影响主要来自教师和同学。在我国，儿童从进入学校到大学毕业，总共有十几年的学习生涯。在这一阶段，学校教师的言行举止、处事方式等都可能会影响到学生的人格发展。此外，由于学生更倾向于向同伴学习，良好的同伴关系和集体环境对个体健康人格的形成和发展起着至关重要的作用。

三、大学生人格异常的常见类型及其调适

（一）多疑

多疑主要体现在人际交往中，表现为敏感、多思、戒心强。有些大学生一方面渴望得到他人的理解和信任，另一方面又因自己对别人不放心、不信任而存在戒备心理。多疑的人对他人的一言一行、一举一动都十分敏感，怀疑其有特定含义，总以为别人在说自己的坏话，于是经常闷闷不乐、疑神疑鬼，无法与他人建立良好的人际关系。

要想克服多疑心理，大学生可采用如下方法：

（1）建立自信，相信自己能与周围的人和睦相处，会给他人留下好印象，不要总是猜忌别人的想法。

（2）抛弃成见和自我暗示，学会全面、辩证地看问题。

（3）多站在他人的角度和立场看问题，避免出现“草木皆兵”的心态。

（4）加强沟通。猜疑常由误会引起，因此，遇到问题时，要开诚布公地与他人沟通，以消除疑惑和误会，进而增加彼此之间的信任感。

（5）克制冲动情绪。当怀疑别人时，应尝试找出让自己产生怀疑的原因，不要轻易地将不良情绪表露出来。

（二）懒散

懒散是一种心理上的厌倦情绪，通常表现为不思进取、做事拖拉、得过且过。导致大学生懒散的原因主要有目标不明确，意志不坚定，缺乏自制力和行动力。懒散对大学生的危害主要体现在两个方面：① 大大降低大学生学习、生活的效率和质量；② 严重损害大学生的心理健康，使其兴趣减退、情绪低落、意志消沉。

要想克服懒散，大学生可采用如下方法：

（1）充分认识懒散的危害性，下定决心纠正安逸享乐的思想。

（2）确立合适的奋斗目标，合理规划大学生活。

（3）加强时间管理，科学安排时间。例如，根据事情的轻重缓急程度、完成任务所需的时间等，科学、合理地安排时间。

（三）依赖

依赖通常表现为个体自理能力差，缺乏主动性和独立性，遇事习惯等待或寻求他人帮助。依赖性强的人感情较为脆弱，每当需要自己做决定或单独做事时，就一筹莫展。

要想克服依赖心理，大学生可采用如下方法：

（1）认识依赖行为的危害，并下定决心克服自己的依赖心理。

（2）从小事做起，如独自一人去参加一项娱乐活动、一周规定一天“自主日”（在这一天，不论做什么事情，都不依赖他人）等，逐渐改变过度依赖他人的坏习惯。

（四）偏激

偏激是一种不良的个性倾向，在认知上表现为看问题片面、极端、绝对化，在情绪上表现为对人对事缺乏理性的态度和客观的标准，在行动上表现为做事急躁冲动、不顾后果。

要想纠正偏激心理，大学生可采用如下方法：

（1）多动脑筋，三思而后行。考虑问题或做决策时要多研究，多论证，多角度进行思考，防止简单化、片面化、绝对化。

（2）养成抑制冲动的习惯。做出冲动行为后，要反躬自省，思考自己当时为什么会这么做；身处险境时，多提醒自己冒失行事只会带来更大的危险；情绪激动时，告诫自己先冷静下来，想一想冲动行事的后果。

（3）培养理性、严谨、细致的品质，做到勇敢而不鲁莽，谨慎而不懦弱，沉稳而不急躁。

（五）狭隘

狭隘就是人们日常所说的气量小、小心眼。狭隘的人往往固执己见，不愿听取他人的意见，常按照自己固有的思维模式考虑问题。在人际交往中，狭隘的人常常因态度、观点

极端而容易伤害他人的感情，同时给自己带来烦闷和苦恼。

要想克服狭隘心理，大学生可采用如下方法：

（1）摆脱以自我为中心的思维模式，多站在他人的角度看问题，设身处地地理解、体会他人的态度、言行。

（2）做一个心胸宽广的人，学会接纳与自己观点不一致的人和不喜欢的事物。

（3）拓宽自己的知识面。越是知识渊博、阅历丰富的人，就越有能力和修养，越不会固守狭隘的偏见。

（4）学会宽容。以宽容的态度对待他人，不仅能获得友谊和更多的社会支持，还能减少自身不良情绪的产生。

（六）怯懦

怯懦的人害怕面对冲突，害怕伤害他人，害怕丢面子，害怕参加社交活动，担心自己会因言行不当而被人讥笑、讽刺，对需要人际交往的活动或工作总是尽量回避。在处理某个问题时，怯懦的人往往表现为瞻前顾后，左思右想，到下定决心去解决问题时往往已经错过了解决问题的最佳时机。由于害怕，他们总是委曲求全、忍气吞声，以求相安无事。然而，在做出许多退让后，他们往往会产生一种挫败感，导致自我评价过低、自信心下降。怯懦主要由自卑心理导致。

要想克服怯懦心理，大学生可采用如下方法：

（1）从观念上强化自己的权利和尊严。对于遇到的事情，可以视情况做出适时的、有分寸的忍让和妥协，但不能无限度地退让。当自己的权利受到侵害时，要勇敢地进行有理、有利、有节的抗争。

（2）从行为上改变自己，增强自信心：① 见人不躲避；② 与他人讲话时，挺起胸膛，注视着对方的眼睛，声音洪亮，吐字清晰，不吞吞吐吐；③ 学会适当保持沉默；④ 减少使用过分谦逊的词语，如“我不行”“我做不好”等；⑤ 学会拒绝他人的不合理请求。

趣味活动

请根据以下提示了解自己的气质及性格特征。

（1）全班学生分成若干小组，每组 8～10 人，其中 1 人担任组长。

（2）每人准备 1 张白纸、1 支笔。

（3）每位同学用若干词语（参考表 4-1）写出小组其他成员的气质及性格特征，并写出对该成员的建议。

（4）大家都写完后，小组成员依次站起来，请其他成员针对自己的气质及性格进行分析并提出建议，然后谈一谈对大家所做分析与所提建议的看法，对自己气质及性格的认知，以及今后努力的方向。

表 4-1 气质及性格特征形容词表

优点	缺点
热切、诚恳、乐观、意志坚定、坚强、敢冒险、独立、敏锐、思想深远、诚实、为人可靠、有天分、有才华、忠心、平静、稳定、实事求是、善于分析、有效率……	冲动、浮躁、不坚定、意志薄弱、易恼怒、易懊悔、急躁、不太会同情人、易谋私利、骄傲自大、报复心重、抑郁、沉闷、忧愁、痛苦、多疑、情绪化、喜欢自省、过分追求完美、易怒、冷淡、没有感情、迟钝、懒惰、无动于衷、不易悔悟、自满……

第三节 人格的塑造

一、健康人格的含义

健康人格是指各种良好人格特征在个体身上的集中体现。拥有健康人格的人能够正确地认识自我，乐观地面对生活中的各种压力，懂得如何与他人和谐相处，有效适应不断变化的社会环境，充分发挥自己的才干，为社会做出力所能及的贡献，同时使自己人格的各个方面得到充分的协调、平衡和发展。

二、大学生健康人格的标准

（一）具有远大的奋斗目标

拥有健康人格的大学生具有坚定的信念和远大的理想，有科学的人生观和世界观；同时，在人生的不同阶段，有不同的具体奋斗目标。在大学阶段，他们通常有着具体的学业目标，能够从学习中获得乐趣，从而保持学习的积极性，有较高的学习效率。

（二）具有强烈的道德责任感

拥有健康人格的大学生具备正直诚实、谦虚谨慎、尊老爱幼等良好品质，能够正确处理生活和工作中的各种关系，遇到不公平的事情能挺身而出。

（三）具有正确的自我意识

拥有健康人格的大学生能够正确地认识自己，客观地评价自己，自尊、自信；能够切合实际地看待自己的学业和成就，不自卑、不自负；能够自觉进行自我监督，自我调节，

努力发展身心潜能。

（四）具有良好的自我调控能力

拥有健康人格的大学生富有幽默感，能够经常保持愉快、开朗、乐观的心境，能以合理的方式排解消极情绪，正确应对挫折和困难。

（五）具有良好的社会适应能力

拥有健康人格的大学生能和社会保持良好的接触，主动关心社会，了解社会，以一种开放的态度观察所接触到的各种事物和现象；在认识社会的同时，能够使自己的思想、行为跟上时代的发展，与社会的要求相符合，很快地适应新的环境；能够勇敢地面对和接受现实，客观评价周围的人和事，以积极的心态应对各种挑战。

（六）具有和谐的人际关系

拥有健康人格的大学生乐于与他人交往，待人诚恳、宽容，态度谦逊，能与他人建立良好的关系；与人相处时，尊敬、信任等积极态度多于嫉妒、怀疑等消极态度，容易获得他人的喜爱和接纳。

（七）具有乐观向上的生活态度

拥有健康人格的大学生常常能看到事物积极的一面，对未来充满希望和信心；对自己的学习或所从事的工作抱有浓厚的兴趣，经常以乐观的态度来面对困难和挫折，并设法克服，不怨天尤人。

（八）具有健康向上的审美情趣

拥有健康人格的大学生有正确的审美思想和审美态度，对美有着正确的追求；有健康、向上的兴趣爱好，能自觉抵制各种不健康思想的侵蚀。

拓展阅读

奥尔波特的健康人格观

美国心理学家奥尔波特认为，拥有健康人格的人应该具备以下6个特点：

（1）自我扩展的能力。拥有健康人格的人参加活动的范围非常广，而且会非常专注于这些活动，是真正的参与者。

（2）密切的人际交往能力。拥有健康人格的人与他人的关系是和谐的，他们富有同情心，没有占有欲和嫉妒心，能接受自己与他人在价值观与人生观上的差异，对父母和朋友都非常友善和关爱。

(3) 有安全感。拥有健康人格的人能忍受生活中不可避免的冲突和挫折，具有很强的安全感。

(4) 能够客观地看待世界。拥有健康人格的人能够依据事物的实际情况，而非自己的期待客观地评价和看待世界。

(5) 能够客观地认识自己。拥有健康人格的人对自己的优点和缺点都十分清楚，理解真实自我与理想自我之间的差异，能够正确地评价和认识自我。

(6) 有正确的人生观。拥有健康人格的人有坚定的价值观和道德观，他们能够胜任自己所承担的工作，有明确的人生目标，并能够持之以恒地为自己的目标而努力。

三、大学生健康人格的塑造

（一）加强学习

许多大学生的人格异常，如狭隘、自卑、固执、粗鲁等，往往源于知识的匮乏，而丰富的知识更容易使人自信、坚强、理智、谦和。因此，大学生应该广泛学习自然科学知识、社会科学知识和专业知识，主动提高自己的文化素养，从而促进人格的发展与成熟。

（二）锻炼意志

健全人格的塑造是一个长期而艰难的过程。只有意志坚强的人，才能改正有缺陷的人格，进而形成完善的人格。因此，大学生应通过专门的训练，不断提升自己的意志力。

（三）培养兴趣爱好

大学生在保证自己的学习和工作完成的前提下，应该发展健康、高尚、有益于知识增进和性格培养的兴趣。例如，可以选择音乐、舞蹈等艺术项目，培养高雅的审美；也可以选择游泳、足球、武术等运动项目，培养勇敢的性格；还可以通过棋类、绘画、书法等活动，培养耐心、细致的品质。

（四）正确认识自己

人格中的很多缺陷，如自卑、焦虑、虚荣等，都是因为没有正确认识自己而引起的。在成长过程中，大学生应学会正确认识自己，对自己各方面的素质有一个客观、全面的评价，并在此基础上学会接纳自己，设置符合实际的奋斗目标，并努力发挥自己的优势和潜能。而对于自己无法弥补的缺陷，应学会与之和解。

（五）从小事做起，培养良好的习惯

一个人的言行往往是人格的外化，反过来，一个人日常行为的积淀成为习惯就可能发展成人格的一部分。研究证明，良好习惯的形成有助于改变人格的内在品质和结构。因此，大学生应自觉培养良好的习惯，以促进自身健全人格的塑造。

（六）积极参与集体活动和社会实践

人格发展、塑造的过程是个体社会化的过程，也是个体与他人、集体、社会互相作用的过程。集体和社会既是个体培养、塑造人格的“土壤”，又能帮助个体更清楚地认识自己的人格，从而有助于个体调整、优化和发展积极的人格品质，改善不良的人格品质。

因此，大学生在学习之余应积极参加集体活动，主动和同学、教师交往，使自己融入集体，在集体中成长；主动参加社会实践，如志愿者活动、勤工助学、假期实习、科研活动等，在社会实践中不断完善自己的人格。

总之，只要大学生能够正确认识自己的人格，在社会实践中严格要求和锻炼自我，加强自我教育，就能让自己的人格更加健全。在实际操作中，大学生可将现实生活中具有健康人格的人作为自己的榜样，从点滴小事做起，锲而不舍地完善自己的人格。

心灵驿站

真正优秀的人

我们都希望成为真正优秀的人，希望人格趋于完美，希望不再被种种烦恼困扰，希望有成就和成功，希望得到爱与尊重，希望我们的人格充满魅力……

有人会问：真正优秀的人应该是什么样子的呢？我们应该先知道这个答案，因为有了目标，行动才有方向。

我所说的真正优秀的人或完美的人格，大致相当于心理学家马斯洛所说的自我实现者。“自我实现”这个词容易被人误解，所以在此我不去用它。我选择另一个词：清醒的人。

清醒的人的最根本的特点，就是他们看事物不加任何歪曲。他们按生活的真实面目去看生活，而不是透过自己的有色眼镜去看生活。因此，他们不论对自己、对他人，都能有一种洞察力。

由于他们很了解自己，他们知道自己要什么，不要什么，知道什么是属于自己的道路，所以他们不会被别人左右，也不会人云亦云地跟着潮流走。在与人交往时，清醒的人懂得尊重别人，并关注别人的内心。他们对人友善而坦诚，因此别人对他们大多也是友好的。他们是勇敢的。所谓勇敢不是说他们什么事都敢做，而是他们敢于坦然面对自己，敢于承认自己的错误。

清醒的人是无为的，这不是说他们不进取，而是指他们不强求不可求的东西。他们不会希望事事十全十美，因为他们知道那是不可能的。他们也不会按自己的理想去改造恋人，因为他知道每个人都有保持自己本性的权利，人只能按自己的本性生活，一个人想改变别人是很难的，所能做到的也是有限的。

他们也会去追求金钱、地位，去完成事业，但是他们在这个过程中不患得患失。他们知道，真正重要的是心灵。由于心理冲突较少，他们的大部分心理能力都可以用在外部事务上，所以显得格外出色。

而最重要的一点，清醒的人是幸福快乐的人。反之如果你不快乐，就说明你还不是那样的人。虽然社会还有种种不令人满意的地方，但是也有许多美好的人和事。清醒的人不回避问题，更善于发现和享受生活的美，因而都是很快乐的（当然，偶尔也有不快乐的时候，但他们的生活基调是快乐的）。

清醒的人不厌弃金钱，也承认吃喝玩乐是享受。然而他们知道仅有这些享受是不够的，人还需要有更好的享受，那就是发挥自己的潜能，去享受真爱、享受美——这些是人的更高一级的享受。

让我们做一个心理健康的、优秀的人吧，不仅因为这样做符合道德，更因为只有这样做我们才能获得真正的快乐。

（资料来源：搜狐网，作者朱建军，有改动）

心理训练

价值观大拍卖

【活动目的】

（1）激发自己对价值观的思考。

（2）明确自己对人生的态度。

（3）认识机会的重要性，学会抓住机会，不轻易放弃。

【活动过程】

由教师或1名学生主持拍卖。

给每个学生分配100 000元（道具钱），并假设其代表一个人一生的时间和精力。每个人可以根据自己对人生的理解随意竞买以下价值观，每种价值观都没有底价，可随便叫价，最终价高者得。

（1）目的价值观：舒适的生活（富足的生活）、振奋的生活（刺激的、积极的生活）、成就感（事业上有所成就）、美丽的世界（世界上充满艺术美与自然美）、平等（机会均等）、家庭生活幸福（有能力照顾自己所爱的人）、自由（独立、选择不受限制）、幸福（内心满足）、内在和谐（内心没有冲突）、成熟的爱（有爱与被爱的能力）、快乐（生活中经常能体验到幸福感）、自尊（尊重自己，不卑不亢）、社会认可（能得到他人的尊重、赞赏）、真挚的友谊（能与他人建立亲密关系）、睿智（对生活有成熟的理解）。

（2）品质价值观：雄心勃勃（辛勤工作、奋发向上）、心胸开阔（思想坦率、接受力强）、能干（有能力、有效率）、勇敢（坚持自己信仰的勇气）、宽容（能谅解他人）、助人为乐（为他人的福利工作）、正直（真挚、诚实）、富于想象（大胆、有创造性）、独立（自力更生、自给自足）、智慧（有丰富的知识储备、善于思考）、理性（不感情用事）、柔情（温情的、温柔的）、礼貌（有素质）、负责（可靠的）、自我控制（自律的、约束的）。

【分享讨论】

（1）你在活动中拍下的最贵的价值观是什么？

（2）你买到的价值观是自己想要的吗？

（3）你是否后悔拍了现在持有的价值观？为什么？

（4）在拍卖的过程中，你的心情如何？

（5）有没有同学什么价值观都没有买？原因是什么？

（6）你是否后悔自己刚才争取的价值观太少？

（7）除上述价值观，还有更值得你追寻的价值观吗？

心理测试

测试 你的性格是外向还是内向？

这个测试可以通过《内向/外向测试量表》来完成。

《内向/外向测试量表》由 60 个测试题目构成。扫一扫下方二维码，进行测试吧！

内向/外向测试量表

第五章 保持稳定心境 拥抱美好生活

本章导读

情绪就像影子一样，每天与我们相伴相随。每个人在生活中都能体会到不同的情绪，如快乐、喜悦、悲伤、忧愁、愤怒等，我们就是在这样多彩的情绪世界里体验着人生百态。正因为有了喜、怒、爱、憎、恶等不同的情绪，生活才会如此丰富多彩。同时，情绪也是个体心理状态的晴雨表，是个体幸福感的刻度尺。

大学生正处于情绪变化较大的时期，其情感体验丰富而复杂，同时也容易产生各种负面情绪，受到情绪困扰。正确认识情绪，学会调节情绪，对于大学生来说至关重要。

学习目标

知识目标

◇ 理解情绪的含义及构成

◇ 了解情绪的分类

◇ 了解大学生的情绪特点

◇ 熟悉大学生常见的负面情绪及其产生的原因

◇ 明确健康情绪的标准

能力目标

◇ 掌握调节情绪的方法

◇ 能够了解自己的情绪状态，找出影响自身情绪的原因

素质目标

◇ 调整自身认知，培养正确看待情绪的意识

◇ 明确情绪与身心健康的关系，提高自身心理素质和抗压能力

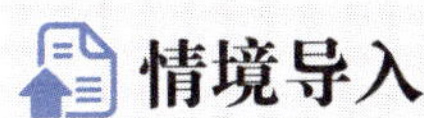

情境导入

感谢那些悲伤

“记着做过你的宝贝，记着你做的小橘灯，记着你年年备好的压岁钱，如今却不能再相见，我在风雨里……”

写下这段日志的时候，小曦的外婆刚刚因病去世。听闻这一消息的小曦陷入深深的悲伤，她由外婆和外公抚养大，和外婆感情深厚。小曦一直希望长大后好好报答他们的养育之恩，如今她刚上大二，还未完成学业，外婆却离开了。

请假回家的一周，小曦沉浸在悲伤中，看着外婆的照片，一想到外婆对她的好，便会泪流满面。返校后，小曦依然很悲伤，吃不好、睡不好。她将自己裹在深色的长外套里，独来独往。她觉得，自己失去了生命中特别重要的一份爱。这样的状态持续了两周，其间老师来探望她，舍友也经常安慰她，但小曦仍然笼罩在悲伤中。

又过了两周，她渐渐察觉到自己的状态很糟糕。于是，她鼓励自己要勇敢。她找到有同样丧亲经历的同学，诉说感受，寻求帮助。她开始主动找信任的老师谈心。老师告诉她丧亲的悲伤情绪可能会持续一段时间，引导要小曦接纳自己的状态，并鼓励小曦用诗歌、日志等形式抒发情感，同时还帮助她看到自己的积极资源，让她认识到外婆的爱是她的宝贵财富，鼓励她要更加勇敢地面对生活。她在老师和同学的帮助中受益匪浅，不再孤独和悲伤。小曦的脸上逐渐露出了笑容，她变得更加坚强和勇敢。之后，小曦又写下新的日志：“感谢那些悲伤，让我体会到生命中深刻的爱；感谢那些悲伤，让我看到更有担当、更成熟的自己；感谢那些悲伤，让我坦然带着爱和力量前行！”

讨论

小曦是如何走出悲伤的？给你带来了什么启发？

第一节 情绪概述

一、情绪的含义及构成

情绪的定义和分类

情绪是人对客观事物的态度体验及相应的行为反应。任何人都有情绪，如快乐、悲伤、厌恶、生气、惊讶、恐惧等。

情绪由认知、生理和表达三个层面构成，即在生理层面上的生理唤醒、在认知层面上的主观体验、在表达层面上的外部行为。当情绪产生时，这三个层面共同活动，构成一个完整的情绪体验过程。

（1）生理唤醒。生理唤醒是个体在情绪发生时的生理反应。任何一种情绪都会使个体产生一定的生理反应，如激动时会心跳加快、紧张时会手心出汗、生气时会血压升高等。

（2）主观体验。主观体验是人的一种自我觉察和自我感受。也就是说，一个人在某件事情中的情绪是什么样的，在这种情绪状态下的自身感受如何，只有自己知道。当然，同样的事情在不同人的心里能够引起不同的情绪体验，如面对失恋，A 能够自我安慰，比较容易释怀，而 B 感到极其痛苦，备受打击，甚至一蹶不振。

（3）外部行为。当情绪发生时，个体还会产生一些行为变化，如面部表情的变化、语气语调的变化、身体动作的变化等。例如，开心时会眉开眼笑、难过时会眉头紧锁、懊恼时会捶胸顿足等。通常，情绪的外部行为与主观体验是对应的，但也有不对应的特殊情况，如假装生气、强颜欢笑等。

趣味活动

请同学们参照范例（见表 5-1），归纳出几种基本的情绪类型，并尽可能多地写出表现每种基本情绪类型的词汇，进行一次“情绪词汇大比拼”，比一比看谁归纳的情绪类型最全，写出的情绪词汇最多。

表 5-1　情绪词汇大比拼

喜	开心　愉快　满足　快乐　狂喜　欣喜 痛快　称心　舒心　自在　激动　扬眉吐气……
怒	生气　气恼　不满　气愤　激愤　盛怒　震怒　愤恨 七窍生烟　愤愤不平　恼羞成怒　勃然大怒　耿耿于怀……
哀	伤心　悲哀　痛苦　哀伤　忧郁　伤感　辛酸　悲痛　痛心 内疚　羞愧　惭愧　难过　肝肠寸断　黯然神伤……
惧	紧张　不安　着急　慌乱　害怕　惊愕　心悸　震惊　后怕 不寒而栗　大惊失色　敬而远之　胆战心惊……

二、情绪的类型

人的情绪表现纷繁复杂，其分类并没有统一的标准。

（一）按生物进化程度分类

根据生物进化的程度，可以将情绪分为基本情绪和复合情绪。基本情绪是所有动物共有的、生而具备的原始情绪。一般认为，基本情绪有喜、怒、哀、惧 4 种。复合情绪是由基本情绪派生而来的，如羡慕、厌恶、焦虑、抑郁、妒忌、悔恨等，一般只有作为高等生物的人才具有复合情绪。

（二）按情绪状态分类

根据情绪状态的强度、持续性和紧张度，可以将情绪分为心境、激情与应激。

1．心境

心境是一种深入、持久、微弱的情绪状态，具有渲染性和弥散性，如闷闷不乐、耿耿于怀、人逢喜事精神爽等。心境的体验较为平和，外部表现不明显，不易被外人发现，有时甚至当事人也不甚明了。

2．激情

激情与心境相反，是一种强烈的、短暂的、迅速爆发的情绪状态，如狂喜、暴怒、绝望等。它通常由个体生活中的重大事件、激烈冲突、过度抑制或兴奋等所引起，一般都伴随着明显的外部表现。处于激情状态的人可能对未来充满信心，愿意接受各种挑战，能够不断超越自我；也可能失去理智，无法控制自我，冲动行事。

3．应激

应激是指在意料之外的、紧急危险的情境下所产生的情绪状态。应激反应通常有消极和积极两种。消极的应激反应表现为活动抑制或完全紊乱，表现出不适应，如目瞪口呆、手忙脚乱等。积极的应激反应表现为调动各种力量，积极应对紧急情况，如急中生智、行动敏捷等。

拓展阅读

正确认识情绪

情绪是多种多样的。如果把平淡的生活比作一杯白水，那么情绪就像是各式各样的调味料。我们因为生活中遇到的不同事情产生多样的情绪，情绪又将生活调制成酸甜苦辣咸不同的滋味。也许，我们会因为一部电影“破防”，哭得稀里哗啦；又或是因一次考试失利而难过，几天都情绪低迷；也可能会因为多日阴雨后的一个晴天感觉心情开朗，生活充满阳光和能量……

除此之外，情绪不仅会影响自己，还会影响我们生活圈子里的其他人。当我们内心焦虑不安时，与人交流的语言中也会带着催促、着急的意味；当我们心情大好时，也会更愿意与他人分享美食或是趣事，嘴里哼着小曲，嘴角不自觉地上扬；当我们难过时，低迷时，常常会食欲低下，“吃嘛嘛不香”……举手投足间都能显示出此时的你处于什么样的情绪之中。

情绪没有好坏和对错，只是人表达自己状态的一种方式。我们要学会通过我们的情绪了解自己的状态，合理宣泄情绪，学会管理自己的情绪，做情绪的主人。良好的情绪管理能力有利于我们的身心健康，也有助于我们更好地与他人相处，更让我们有力量去克服挫折与困难，对学习、生活、工作更有激情和创造力。

（资料来源：中青在线，有改动）

三、情绪的作用

（一）动机功能

情绪能够以一种与生理性动机或社会性动机相同的方式激发和引导个体的行为。例如，有时我们会努力去做某件事，只是因为这件事能够给我们带来愉快与喜悦。

同时，情绪的表达还能够反映个体内在动机的强度。所以，情绪也被视为动机潜力的指标，即对动机的认识可以通过对情绪的辨别与分析来实现。动机潜力是人们在具有挑战性环境下所表现出的行为变化能力。例如，当面临危险时，有的人头脑清晰，能够沉着冷静地应对；而有的人则会惊慌失措，无法有效行动。

（二）调控认知过程功能

情绪会影响个体的认知活动。大量研究表明，积极、适当的情绪会提高个体大脑活动的效率，提高个体认知活动的速度与质量；而消极、不当的情绪则对个体的认知能力具有瓦解作用，会干扰或抑制个体的认知活动，考试焦虑就是一个典型例子。一般来说，中等程度的紧张是考试的最佳情绪状态，过于松弛或极度紧张都不利于考生正常水平的发挥。

（三）信息传递功能

情绪的外部表现具有信息传递作用，人们可以通过情绪传递自己的态度、愿望、要求、

观点等信息。例如，点头微笑表示赞许，皱眉摇头表示否定，面露不快表示不满等。

在人际沟通过程中，当人们无法用语言传递信息或对方的言语信息含混不清时，情绪的外部表现往往具有补充作用，人们可以通过它准确而微妙地表达自己的思想感情，也可以通过它去判断对方的态度。

（四）调节身心健康功能

情绪对健康的影响作用是众所周知的。积极的情绪有助于身心健康，消极的情绪可能会引发各种疾病。我国古书中就有“怒伤肝，喜伤心，思伤脾，忧伤肺，恐伤肾”的记载。另外，溃疡、偏头痛、高血压、哮喘和癌症等疾病，也与人的情绪失调有关。一项长达30年的关于情绪与健康关系的追踪研究发现，性情压抑、易焦虑和愤怒的人患结核病、心脏病和癌症的概率是性情沉稳的人的4倍。所以，积极而正常的情绪体验是保持心理平衡与身体健康的重要条件。

第二节 大学生的情绪

一、大学生的情绪特点

大学生的年龄一般为18～23岁，正处于心理及思想急剧变化发展的时期，其情绪具有以下特点。

（一）不稳定性

由于大学生的心理发展尚未成熟，不能很好地控制自己的情绪，高兴时忘乎所以，看什么都顺眼；消沉时心灰意冷，看什么都不顺眼，情绪呈现不稳定状态。此外，在大学阶段，大学生面临的事情较多，如学习、交友、恋爱、为求职做准备等，当他们不能很好地处理这些繁杂琐碎的事情时，情绪就容易出现较大波动。

但是，随着认知水平的提高和知识经验的积累，大学生会掌握一些调控情绪的方法，其情绪也会逐渐趋于稳定。

（二）冲动性

处于青年期的大学生，精力旺盛，对外界事物较敏感，容易受激情情绪状态的影响，做事不计后果。大学生因冲动而爆发的情绪活动一旦失控，可能带来较为严重的后果。

（三）内隐性

大学生的情绪表现不像少年时期那样直接、坦率，开始逐渐变得隐晦、含蓄。他们不会轻易向别人流露个人的真实情感，在一定的情境下会隐藏和掩饰自己的情绪。大学生能够依据一定的时间、地点、场合、对象等因素，有选择、有分寸地表达自己的情绪和情感，如对某件事情或对某个人明明是厌烦的，但由于种种原因，可能会表现出较好的或不在意的态度。

（四）丰富性

随着生理和自我意识的不断成熟和发展，大学生对自尊、交往、爱与被爱及自我发展的需要更加强烈。他们通过各种活动结交朋友，同时对自己的能力特长、性格特征、身份地位、道德水平等有了更深刻的认识和评价。此外，专业兴趣、恋爱、人际交往、就业等问题不可避免地摆在了大学生的面前。面对这些需要和问题，大学生相应地产生了丰富多样的情绪体验。

二、大学生常见的不良情绪

（一）愤怒

愤怒是指当个体的愿望不能实现或为达到目的所采取的行动受挫时，引起的一种不愉快的情绪体验；或者是个体对他人行为、他人遭遇、某种社会现象等极度反感的一种情绪体验。愤怒情绪通常表现为血液涌向四肢、躯干、脑部，心率加快，肾上腺激素分泌增加，产生强大的身心能量，同时可能伴随激烈的行动。处在这种情绪下的人，常容易产生难以自控的行为。

（二）焦虑

焦虑是指个体对即将发生的某件事或某种情境感到担忧，但又无法采取有效的措施加以预防和解决时所产生的紧张、焦急等情绪体验。焦虑本身并不是病态的，而是一种正常的情绪反应，几乎每个人都曾有过焦虑体验。适度的焦虑是个体发挥潜能、解决问题的动力之一，但过度焦虑则会给个体的身体和心理带来不良影响。

焦虑情绪在大学生中普遍存在，如考试焦虑、社交焦虑和就业焦虑等。当大学生在学习、生活、工作等方面遭遇挫折或担心需要付出巨大努力的事情将要来临时，便会产生焦虑体验。被焦虑困扰的大学生会感到紧张着急、惶恐害怕，并且心烦意乱，总是担心有什么事情要发生，不能放松自己，经常处于警觉的、无所适从的状态，从而导致思维迟钝、记忆力减弱，同时伴有头痛、食欲不振等身体反应。

（三）抑郁

抑郁是一种持续时间较长的低落消沉的情绪体验。处于抑郁状态中的大学生对学习和生活兴趣索然，遇事缺乏信心，不愿与人交流，思维僵化，反应迟缓，行为被动，自我封闭；有时突发冲动，行为极端；缺少青年人应有的朝气与活力，常感到精力不足，注意力不集中；同时伴有羞愧、自责、痛苦、悲伤、忧郁、沮丧、孤独、绝望等不良心境。

大学生产生抑郁情绪的原因主要有以下几个方面：性格方面，如内向孤僻、不爱交际、敏感等；学习方面，如压力过大、成绩不理想等；人际交往方面，如长期不受欢迎、人际关系紧张、得不到理解与尊重等。研究表明，长期处于抑郁状态下的个体，对活动的参与性和主动性会降低，严重者甚至出现辍学的念头。

拓展阅读

是一过性的抑郁情绪，还是抑郁症？

如何区分抑郁情绪和抑郁症呢？

首先，抑郁情绪是一种心情。而抑郁症则不只是心情低落，是以情绪低落为核心的一组综合征的总称。抑郁症的核心症状是心境低落，同时还伴随着思维障碍、意志活动减退、认知功能损害，以及一些躯体症状。

第二，抑郁情绪通常在人们遇到挫折、不顺心时产生，是人们遇到负性事件时产生的一种生理性的情绪表现，事情过去后情绪就会恢复。然而，如果抑郁情绪持续存在，尤其是在没有特别诱因的情况下，那就有可能是“抑郁症”。如果一个人总是时不时地、没来由地出现抑郁情绪，即使程度不是很严重，也要敲响警钟，引起注意。

第三，抑郁情绪是短暂的，它像一阵风，来得快，去得也快，而抑郁症至少会持续 2 周以上。抑郁症患者如果不及时寻求帮助，持续低落的情绪不仅不会自行消失，甚至会愈发严重。

（资料来源：人民网，有改动）

（四）嫉妒

嫉妒是指因看到他人在某些方面胜过自己而产生的不快甚至是痛苦的情绪体验。嫉妒不仅会给他人带来情绪痛苦和情感伤害，也会对自己的身心造成损害，如内分泌紊乱、消化功能下降、失眠、情绪低沉等。

大学生的嫉妒情绪具体表现如下：当看到他人的学识、能力、品行、荣誉甚至穿着打扮等超过自己时，内心产生不平、痛苦、愤怒等情绪；当他人身陷不幸或处于困境时则幸灾乐祸，甚至落井下石。

（五）冷漠

冷漠是情感的萎缩，是一种对他人冷淡、漠然的消极情绪体验。其主要表现为对人怀有戒心甚至抱有敌对情绪，不与他人交流，对集体、他人漠不关心，对他人的不幸冷眼旁观、无动于衷、毫无同情心，感知迟钝，缺乏热情和激情。冷漠通常是因遭受欺骗、背叛等心灵创伤，或因种种原因受人漠视、轻视甚至歧视所致。

趣味活动

请根据以下步骤进行一次“情绪表演”活动。

（1）将惊奇、愤怒、高兴、害怕、悲伤、厌恶6种情绪分别写在6张卡片上。

（2）将这些情绪卡片分别呈现给6位同学，并注意不要让其他同学看到。

（3）请这6位同学按照自己的情绪卡片分别进行情绪表演。

（4）每一次表演完，请大家猜测表演的是什么情绪，给予适当的评价，并谈谈自己的感受。

（5）思考本周自己经常出现的情绪。

第三节 大学生不良情绪的调适

一、情绪健康的标准

（一）一定的诱因引起相应的情绪

情绪的发生和发展都是由一定的诱因引起的。例如，可喜的事件引起欢乐的情绪，不幸的事件引起悲伤的情绪，挫折事件引起愤怒情绪等。情绪不可能凭空产生，无缘无故的情绪反应、不明缘由的情绪表现都是不正常的。

此外，情绪反应的强度应与引发情绪的诱因强度相符合，并且在不同的时间和场合有恰如其分的情绪表达，即情绪反应与环境相适应。

（二）情绪的作用时间随客观情况的变化而变化

一般情况下，引起情绪的诱因消失之后，相应的情绪反应也应逐渐消失。例如，孩子不慎摔碎了一个碗，母亲可能当时不高兴，事情过后就不生气了。如果连续几天都生气，甚至长期生气，就是情绪不健康的表现。

（三）情绪稳定

情绪稳定是指情绪状态比较平稳，情绪反应适度。情绪稳定的人，一般不会因外界刺激而产生过于强烈的情绪反应。那些变化莫测、波动大、起伏剧烈的情绪反应，都是情绪不健康的表现。

（四）心情愉快

心情愉快是情绪健康的一个重要标志。愉快表示一个人的身心处于积极的健康状态。如果一个人经常情绪低落，总是愁眉苦脸，心情苦闷，则可能是心理不健康的表现。

（五）能合理调控情绪

善于控制与调节自己的情绪，是指既能克制又能合理宣泄自己的情绪。只懂得掩盖而过分压抑自己的情绪，不但不能有效地适应环境，而且不利于身心健康。懂得如何调控情绪，并能从别人调控情绪的方法中借鉴一些适合自己的情绪调控方法，是一个情绪健康者最应该学会的保持身心健康的一项技能。

二、情绪调适的方法

不良情绪会影响人的身心健康，如果不及时调整则可能会出现灾难性后果。情绪调适的方法有很多，下面介绍几种情绪调适的常见方法。

（一）合理宣泄

每个人都会遭遇不同的挫折，都可能会产生忧郁、焦虑、苦闷、烦恼、不安、不满乃至愤怒等不良情绪。对于不良情绪，最好的选择不是对抗而是接纳。考试失败、被朋友误解等都会让我们产生不良情绪。此时，我们如果允许自己生气、委屈、伤心，并进行适当发泄，这些情绪反而会慢慢消散。所以，要懂得接纳自己的情绪，允许自己在该不开心的时候不开心，该生气的时候生气。过分压抑只会使情绪困扰加重，而适度宣泄则可以使不良情绪得以缓解。

有着丰富、复杂、强烈情绪体验的大学生应学会宣泄情绪，使不良情绪得以排解。宣泄的方法有找人倾诉、畅快地哭一场、在旷野中大声喊叫、运动等。但是，在采取宣泄法来调节自己的不良情绪时，注意不能随便发泄，要采取正确的方式，选择适当的场合和对象，以免给他人带来困扰或造成不良影响。

（二）调整认知

情绪 ABC 理论

心理学家艾利斯认为，人的情绪困扰并不是诱发事件本身引起的，而是由对诱发事件的非理性解释与评价引起的。换言之，我们的情绪困扰往往是由自己的一些不合理信念造成的。如果这些不合理的信念长时间存在，还会引起心理障碍。

由此，艾利斯提出了情绪 ABC 理论。在情绪 ABC 理论中，A 是指诱发事件；B 是指个体在遇到诱发事件后产生的信念，即其对诱发事件的看法、解释和评价；C 是指特定情境下，个体的情绪及行为反应。

情绪 ABC 理论指出，诱发事件 A 只是引起情绪及行为反应 C 的间接原因，而个体对诱发事件所持的信念 B 是引起情绪及行为反应 C 的更直接的原因。合理的信念会引起个体适当的、适度的情绪及行为反应；而不合理的信念则会引起个体不适当的情绪及行为反应。

个体如果坚持某些不合理的信念，长期处于不良的情绪状态中，最终将会导致情绪障碍的产生。艾利斯经过研究，总结出了不合理信念的三种类型。

（1）绝对化的要求。

绝对化的要求是指个体以自己的意愿为出发点，认为某件事必定会发生或不会发生的信念。它通常与“必须”“应该”这类字眼连在一起，如“我必须获得成功”“别人必须对我很好”“我应该被周围的人喜欢和赞许”等。

（2）过分概括化的评价。

过分概括化的评价是指个体倾向于以一件或几件事的结果对自己或他人进行整体评价。例如，当面对损失或是极坏的结果时，一些人就会觉得自己一无是处。以自己做的某一件事或某几件事的结果来评价自己作为人的价值，其结果常常会引发自责、自卑、焦虑、抑郁等负面情绪。

所以，艾利斯特别强调：“要评价一个人的行为，而不是去评价一个人。”也就是我们常说的“对事不对人”。

（3）糟糕至极的预期。

糟糕至极的预期是指个体对可能的结果总是有非常可怕、非常糟糕甚至是灾难性的预期。对危险和可怕的事物有一定的心理准备是很正常的，但过分忧虑则是非理性的，如时时担心上街可能会出车祸，坐飞机可能会碰上劫机，等等。这种杞人忧天式的不合理信念只会使自己变得提心吊胆、忧心忡忡、焦虑不已。

要想摆脱不良情绪的影响，关键是要找到自己所持有的不合理信念，然后从不合理信念出发进行推论，找出其中的谬论。一旦不合理的信念破除，就能从根源上摆脱焦虑等情绪的困扰。

（三）正确地评价自我

正确地评价自我是大学生保持心理健康的重要条件。然而现实中，很多大学生的自我评价往往缺乏客观性，要么对自己期望过高，要么过度低估自身的价值，导致压力过大，引发自卑、焦虑、抑郁等不良情绪。

因此，大学生应学会正确评价自我，对自己进行客观、公正、全面的分析，不因自己的长处而骄傲自满，也不因自己存在的不足而妄自菲薄，可以通过与别人比较、与过去的自己比较来认识自己，不断地修正、调整和提高自己。

（四）积极暗示法

积极暗示法是指用一些积极的话语对自己施加影响以达到调整情绪的方法。例如，默想或用笔在纸上写出"冷静""三思而后行""镇定"等词语来平息怒气；也可反复默念一些简短、有力、肯定的语句，如"我的能力很强""我一定会考好""我一定会胜利"等来稳定情绪，排除紧张；还可以用"胜败乃兵家常事""塞翁失马，焉知非福""坏事变好事"等来自我安慰，消除焦虑、抑郁和失望。实践证明，这种暗示对个体的不良情绪和行为有奇妙的影响和调控作用，既可帮助个体放松过分紧张的情绪，又可用来激励个体。

（五）自我放松法

自我放松法，又称"松弛反应训练"或"自我调整疗法"，是一种通过自主调节身体、主动放松来增强自我调控能力的方法。只要有一个相对安静的环境，按要求完成一系列动作，通过反复练习，就能有效缓解紧张、焦虑等不良情绪。

自我放松法中较常用的是渐进性放松法，其原理是让人通过有节奏地控制自己的肌肉收缩、放松，并反复交替，使其体验到从紧张到松弛的过程，从而达到全身心放松的目的。其具体操作方法如下：首先，让自己的身心处于一种舒适的状态；其次，通过放松暗示来舒缓身心；最后，有意识地放慢呼吸，专注呼吸，做深且均匀的呼吸，直至慢慢忘记呼吸而进入一种无我状态。

（六）注意力转移法

当情绪激动时，为了使它不至于爆发或失去控制，可以有意识地转移注意力，把注意力从引起不良情绪反应的刺激情境上转移到自己感兴趣的事物上去。例如，外出散步，看看电影，听听音乐，读书，打球，下棋，找朋友聊天等。在活动中寻找新的快乐，不良情绪就可以得到排解。

（七）求助心理医生

在上述方法都无效的情况下，仍不要灰心，可以去找心理医生进行专业咨询、倾诉，在心理医生的指导和帮助下克服不良情绪。

案例分析

一天，小吉的室友小娜激动地向她控诉另一名同学的“罪行”。小娜声称对方在公众场合对她冷嘲热讽、奚落指责，让她十分难堪。

她事后越想越愤怒，想去找对方理论。听完控诉的小吉想到了心理学教授张教授经常说的一句话：“不要一时冲动，否则你将成为情绪的奴隶。发脾气是可以的，如果你能做到——在适当的场合，向正确的对象，在合适的时刻，用恰当的方式，因公正的理由。”于是，小吉把愤怒的小娜带到了张教授的办公室，请他帮助小娜。

张教授听小娜发泄完后，用他一贯平稳的声调说道：“批评和侮辱跟泥点没什么区别。你看，这是早上过马路时，汽车溅到我衣服上的泥点。如果当时我气急败坏地立即擦掉这些泥点，那一定会把我的衣服弄得更脏。但我控制住了我的坏情绪，不去在意这些泥点。等我回到办公室后，我把大衣挂起来，专心做别的事情，等泥巴干了再去处理它。你们一起来瞧瞧，轻轻弹几下就干净了。”

听完张教授的话，小娜的情绪稍稳定了一些，张教授继续说道：“我年轻的时候也不善于控制情绪，所以深受其害。后来，我发现最好的办法就是把生气的事情先晾一边，等自己冷静下来后，再去处理。”

【分析与点评】

案例中，张教授提到的处理情绪的方法是我们生活中常用的冷处理法。当处于情绪的旋涡中时，我们很容易情绪化，常会被情绪支配而失去理智，进而影响我们的判断力，做出错误的选择和决定。这时，我们可以先冷静下来，等恢复理智后再处理。我们要学会做自己情绪的主人，管理和关照自己的情绪，而不是任由自己的情绪受他人控制和摆布。

心灵驿站

如何与情绪共处？

首先，觉察自己的情绪

觉察情绪是心理学中常用的一种方法，也是我们了解自身情绪的第一步。觉察情绪时，我们要站在第三方的视角看待自己正在经历的体验。

那么觉察情绪具体是怎样一个过程呢？

第一步：当你有一个情绪冒出来的时候，首先看到它并承认它。例如，我在公交站排队看到别人插队时，我感到很愤怒。

第二步：看到情绪背后我们的期待是什么，更进一步的，看清情绪背后还有哪些感觉？例如，我期待别人遵守规则，别人不遵守规则的行为让我感受到了不公平。

第三步：问问自己这种更深的感觉是从哪儿来的。可以回顾自己最初有这种类似的感觉是什么时候，或者想想自己是从何时开始特别在意这样的事的。

其次，真实面对你的情绪

我们很多人都会要求自己必须要开心，不能给别人传递负能量，要做一个“小太阳”，要保持一种好的状态等。我们好像真的很开心，很正能量，我们的情绪开关好像有一个自动筛选功能，在别人面前从来都是一副开心的样子。

但事实是，你是真的一直很开心吗？当你表现得很正能量时，你内心真正的感受是什么呢？当你不开心、难过的时候，你的脆弱与悲伤难道没有提醒你“我真实存在于你的身体中，你无法通过掩饰来消除我”？

人内心的悲伤是无法通过快乐来排解的，在悲伤的时候，越是要求自己快乐，悲伤的感受反而越是明显。不管怎么伪装，悲伤都无法变成快乐，我们可以戴着面具表演，我们可以改变我们的表现，但我们的体验与感受是真实存在的，快乐与否自己是能够真正地感受得到的。

因此，要允许你的情绪存在，并接纳它的存在，真实地面对你的情绪。

最后，寻找一个树洞，安放你的情绪

《树洞》这首歌中有句这样的歌词：“可否借我，一个小树洞，来安放无人察觉的悸动。”每个人的内心都有一份别人无法知道的秘密，每个人都需要一个树洞来倾诉自己的心语。当情绪无法安放时，可以寻找一个树洞，把你的秘密放进去，树洞会接纳你的情绪，拥抱你的情绪。

我们与情绪的关系，也就是与自己的关系。情绪是我们身体的一部分，需要我们看到它、接纳它、拥抱它。感受情绪的流动，就是与自己建立连接，与自己内心对话的过程。

认识自己的情绪

【活动目的】

（1）理解情绪的多样性。

（2）明确情绪与认知、行为的关系。

【活动过程】

我们每时每刻都在经历着情绪的变化，你是否意识到自己的情绪特点？你又是否理解自己的情绪和情感？下面我们通过两个活动来了解自己的情绪。

（1）闭上眼睛，做3～4次深呼吸，然后就情绪问题完成下面语句。

- 我生活中最快乐的时刻是____。
- 发笑使我感到____。
- 当____的时候，我感到悲伤。
- 当他人哭泣的时候，我通常____。
- 我最后一次哭是因为____。
- 在家里，令我生气的是____。
- 当他人生气的时候，我____。
- 被误解时，我一贯的反应是____。
- 当心情莫名的烦躁时，我常常____。
- 当得知好友来看望自己时，我经常____。

（2）想象自己遇到下面提到的几种情景时，会产生何种情绪？又会产生怎样的行为？请将答案写在空白处。

- 有人偷看了你的日记。
- 有同学告诉你，你获得了青年创意大赛一等奖。
- 你正在看你非常喜欢的影视节目，朋友却喊你陪她逛街。
- 你在公交车上被人踩了一脚。
- 你去买菜，别人找给你50元假币。

【活动讨论】

以小组为单位，针对上述两个活动的结果进行讨论，体会情绪的多样性及情绪体验的个体差异性。同时，完成以下两个活动，进一步讨论积极情绪和消极情绪的特点和对人们

生活产生的影响。

1．画一画我的情绪彩带

按照情绪节律周期，每个人每个月总有几天会感到情绪低落或情绪高涨。请分别记录自己每个月情绪低落和高涨的日子，并看看这两个时期的情绪表现有什么不同。连续记录3个月，找出自己情绪的规律。用不同的颜色代表不同的情绪，把你体验到的情绪按时间顺序画成一条情绪彩带。画完之后，在组内展示，并说出你的情绪彩带的特点。

2．自我负面情绪再现

回忆并详细描述自己经历过的一次情绪失控事件，要描述导致情绪爆发的细节。通过详细的描述，深入探讨失控情绪产生的原因和造成的后果，想一想负面情绪给自己的生活带来了什么影响。试着想象一下，如果换一种情绪表达方式，结果是否会有所改变。

示例：我非常在意别人对我的评价，且对那些不好的评价非常敏感，这会极大地影响我的心情。这些评价会让我想很多，并且会让我生气很久，以至于不喜欢对方。有一次，我和朋友去超市买东西，她随口说了一句："其实你不用戴头花的。"我立刻觉得她是在说我现在的发型很难看。这时我会联想到自己最近在网上看了很多新发型的教程，每天都会花不少心思在弄新发型上，结果还不如以前的发型，实在是太丢人了。由此，我又会联想到朋友会不会因此不再喜欢我了，这时，难过、伤心的情绪立刻涌了上来，以至于我不想和她说话了。同时，我会立刻陷入无法自拔地对自我的厌弃和对他人的责备情绪中，并且这种情绪会持续好长一段时间。

心理测试

测试一 你的情绪状态如何？

"病由心生"，如果情绪状态不好，势必会影响到个体的身体健康。所以，了解自己的情绪状态，并及时地加以调整是非常必要的。

这个测试可以通过《情绪稳定度测试量表》来完成。

《情绪稳定度测试量表》由15个测试题目构成。扫一扫下方二维码，进行测试吧！

测试二 你焦虑吗？

这个测试可以通过《焦虑自评量表》来完成。

《焦虑自评量表》用于测量焦虑状态轻重程度及其在治疗过程中的变化情况。它适用于具有焦虑症状的成年人，具有较广泛的适用性。

《焦虑自评量表》由20个测试题目构成。扫一扫下方二维码，进行测试吧！

测试三 你能控制自己的情绪吗？

这个测试可以通过《情绪控制度测试量表》来完成。

《情绪控制度测试量表》由 15 个测试题目构成。扫一扫下方二维码，进行测试吧！

情绪稳定度测试量表

焦虑自评量表

情绪控制度测试量表

第六章

进行人际交往　建立融洽关系

本章导读

人是社会性动物，不能离开群体而单独生存。人际交往是人们进行思想、情感、态度和信息交流与碰撞的过程，人们可以通过人际交往获取大量的信息和知识，还可以在与别人的交往中慢慢认识自己。因此，人际交往对每个人的生活、学习、工作和自我发展都至关重要。

学习目标

知识目标

- ◇ 了解人际交往与人际关系的实质
- ◇ 了解大学生人际交往的特点，明确影响大学生人际关系的因素
- ◇ 了解人际交往的心理效应，掌握人际交往的原则与方法
- ◇ 明确大学生人际交往的心理障碍及其调适方法
- ◇ 掌握改善寝室人际关系的技巧

能力目标

- ◇ 能够识别人际交往中的不同心理障碍并进行相应调适
- ◇ 能够利用人际交往的技巧建立良好寝室关系

素质目标

- ◇ 在人际交往中看重自己，并培养尊重他人的意识
- ◇ 体验同理心，能够在人际交往中换位思考

情境导入

人际交往需要良好心态

张兰，某学校大二女生，学习成绩优秀。近期，学校在评选“学习标兵”和“优秀学生干部”，张兰信心满满。大一期间，张兰的表现相当不错，不仅学习成绩在本专业名列前茅，而且担任了班级的学习委员。根据学校的评选标准进行筛选后，全班只有 5 名同学有资格参加评选，且每个班级有 4 个入选名额，这就意味着每个班级只有 1 名同学会落选，所以张兰认为这次评优自己稳操胜券。

万万没想到，评选结果竟然是张兰落选了。在班级投票中，张兰获得的票数是最少的，这让她难以接受，认为同学们是有意整她。落选后的张兰愤意难平，对班上的同学充满了敌意，经常没缘由地冲着他人发脾气，情绪处于极度不稳定状态。这样一来，班里的其他同学也对她“敬”而远之。察觉到自己的状态越来越糟糕，张兰走进了学校的心理咨询室，心理老师从她的口述中得知，作为学习委员，她平时布置学习任务时喜欢用命令的口气，和其他同学说话也经常趾高气扬，很少有笑容。久而久之，与同学们的关系变得不那么融洽了。另外，由于她是一个争强好胜的人，总是嫌弃同寝室的其他人不上进，看不惯她们整天窝在寝室不学习，她的种种表现导致同寝室的同学也不喜欢她。后来经过心理老师的辅导，她意识到了自己在人际交往方面的不足，主动地调整了心态，开始变得谦虚、温和，并学着帮助他人。她的人际关系也逐渐得到了改善。

你是否也有人际交往方面的困扰？从张兰的故事中，你得到了什么启发？

第一节 大学生的人际交往

心理学家认为，人类的心理适应最主要是对人际关系的适应。大学生正处在学习知识、了解社会、探索人生的重要发展时期，这些活动都离不开人际交往。在人的一生中，没有哪个时期会像青年时期那样强烈地渴望被人理解与接受。良好的人际关系是大学生心理发展的重要基础和身心健康的重要保障。

一、人际交往概述

（一）人际交往与人际关系

人际交往发生在社会活动中，是人与人之间借助一定的语言符号或非语言符号交流信息、传达思想、表达需要和沟通情感的过程。在这个过程中建立和发展起来的人与人之间的关系，就是人际关系。

人际关系是指人们在各种社会实践活动中通过交往建立起的心理上的联系。它表现为人们相互之间情感联系的紧密或疏远，以及人们相互吸引或排斥的心理状态。人际关系包括认知成分（相互认识、了解的程度）、情感成分（彼此之间的感觉是喜爱还是讨厌，满意还是不满意）和行为成分（双方交往采取的具体行动）。其中，情感成分是核心。人际关系反映了交往双方需要的满足程度，如果交往双方能互相满足对方的需要，就容易结成亲密的人际关系。

如果说人际关系是一种状态，那么人际交往则是一种行为。人际交往奠定了一切人际关系的基础，同时决定了人际关系的质量。

（二）人际交往的作用

1. 获取信息资料

现代社会中的每个人都可以看作一个信息源。一个人的交往越广泛，信息来源就越多，获取的信息资料也就越丰富。人们在交往活动中，彼此交流思想、知识、经验、情感等，这都是在交流信息。可见，人际交往就是一个不断输出信息和接受信息的过程。

通过人际交往，人们可以获取大量的信息和知识，这对每个人的生活、学习、工作和自我发展都至关重要。

2. 促进社会化

社会化是个体通过学习和实践发展自己的社会性的过程，是一个人逐渐适应社会的过程。社会化程度的高低，是衡量一个人成熟程度的重要标尺。而个体的社会化在很大程度上是通过人际交往实现的。个体通过与他人建立各种各样的关系，逐渐发展和完善个性，不断完成社会化，同时实现自我价值。

3. 深化对自我和他人的认识

人们往往是在与别人的交往中慢慢认识自己的。一方面，人们通过与别人进行比较来认识自己，即将人际交往的对象作为衡量自己的“尺子”和照鉴自己的“镜子”；另一方面，人们借助别人的评价和看法来全面地了解自己。另外，人际交往对我们了解别人也有帮助。人际交往的范围越大、接触的人越多，我们识人和知人的经验就越丰富，逐渐便能够做到全面、客观地看待人和事。

4. 有利于身心健康

人作为社会性动物，有着强烈的被爱和被依赖的情感需求。人们通过交往，诉说个人的喜怒哀乐，引起彼此间的情感共鸣，从而在心理上产生归属感、安全感和幸福感等。在生活中，我们不难发现，那些人际关系良好的人往往心情舒畅、快乐愉悦，身心也更健康。

二、大学生人际交往的特点

大学生正处于世界观、人生观和价值观的确立阶段，生理和心理日趋成熟，渴望得到他人的理解，比较重感情。同时，由于大学生生活在相对封闭的大学校园里，其人际交往具有自己的特点。

（一）交往需求迫切

大学生的视野比较开阔，求知欲旺盛，精力充沛，自主性较强，加上生活环境的多样化，他们渴求在复杂的环境中获取温暖和归属感。特别是大学新生，离开了父母和昔日熟悉的同学，他们往往感到孤独，因此迫切期盼结识新朋友，希望通过与朋友沟通信息、交流思想，彼此慰藉，增进感情，共同成长。

（二）交往动机理想化

大学生人际交往的动机相对单纯，他们在交往中真诚、坦率，注重精神方面的契合。因此，他们对人际交往抱有较高的期望值，并将其理想化。另外，当代大学生自我意识较强，他们期待交往的双方彼此尊重，相互接纳。他们认为，大学的人际交往应是美好的、和谐的，人际关系中不应存在冲突。由于对人际关系存在过于理想化的想象，很多大学生都无法接受现实中的人际关系不和谐。

（三）交往的范围和内容扩大

大学生的交往范围不受地域、空间等的约束。他们除了在校园内进行人际交往外，还会结交一些校外的朋友。随着时代的发展，大学生还会通过网络广泛交友。

此外，大学生人际交往的内容也极其广泛，除了交流学习、生活外，他们还常常一起探讨人生理想，了解彼此的内心世界，等等。大部分学生不再抱着狭隘的交友观念，转而追求建立更加广泛、多样的人际关系。

（四）注重横向交往，忽视纵向交往

横向交往是指同辈群体之间的交往，纵向交往是指不同年龄阶层间的代际交往。对大

学生来说，同辈群体之间有许多相似之处，更容易理解彼此的需求，因此他们与同龄人的交往最为频繁。通常，大学生不太注意与教师的交往，除有必要的接触，一般会敬而远之，故意回避。此外，还有很多学生认为家长对自己的干涉过多，两辈人在思想上较难调和，存在代沟。

课堂互动

上述关于大学生人际交往的特点和你的实际情况相符吗？你的人际关系如何？你认为影响人际关系的因素有哪些？

三、影响大学生人际关系的因素

研究表明，人们之间相互吸引的情感状态，不仅受社会、经济、政治等因素的影响，还受一些社会心理因素的影响。根据社会心理学家的研究得知，影响人际吸引的因素主要包括以下几点。

（一）外在的仪表

人与人初次接触时，第一印象的好坏主要取决于外在仪表。良好的外在仪表是人际吸引的基础，这里说的外表吸引力不仅仅指外貌，也包括优雅的举止、得体的装扮、动听的嗓音、甜美的微笑等。当然，随着交往的深入，外表吸引力的作用会有所减弱。

良好的外在仪表之所以有吸引力，一方面是因为它能使人感到轻松愉悦；另一方面是因为晕轮效应，即良好的仪表会使人认为这个人还具备其他一系列较好的品质。大部分人都不喜欢与邋遢、行为粗野、言语粗俗的人交往。因此，大学生在日常生活中要适当注意人际吸引的外在因素。

（二）时空的远近

俗话说："远亲不如近邻。"在人际交往中，距离上的接近是人与人之间彼此熟悉、加深了解的客观条件之一。时空上的远近往往表现在 2 个方面，即居住距离的远近和人与人交往频率的高低。通常来说，两人距离越近、交往越频繁，越容易建立人际关系，如同一个专业、同一个班级、同一个寝室的同学更容易建立较密切的人际关系。

（三）个性的相似

"物以类聚，人以群分"，个性具有一定相似性的人更容易互相吸引。例如，两个有着相同兴趣爱好的人，容易因为有共同语言而成为朋友。

（四）需求的互补

需求互补性是指双方在交往过程中互相满足的心理状态，即两个人通过彼此的交互作用所获得的“报偿”超过由此带来的“损失”。当双方的需要及期望形成互补关系时，人际吸引会变得强烈。例如，在工作中，工作风格、能力互补的人更容易成为工作搭档。

（五）情感的相悦

情感影响着人的主观意识，人的主观意识在人际关系建立过程中起着重要作用，所以情感在人际交往中起着基础作用。双方心理上的接近减少了人际间的摩擦与心理冲突，这种相互间的赞同与接纳，是彼此间建立良好人际关系的心理条件。

趣味活动

请根据以下步骤举办一次“宴会”。

（1）准备一段轻音乐和一副扑克牌。

（2）“宴会”开始时，播放轻音乐，并给每个参与者发放一张扑克牌，作为入场的凭证。扑克牌的大小（K、Q、J……）代表自己职位的高低与身份的尊卑。

（3）参与者拿到扑克牌后，将其放置于胸前显眼处，并根据自己的地位与身份，以语言、非语言的方式向周围的人表示问候。

（4）音乐停止的时候，请参与者依照地位高低排成一行，报出胸前扑克牌的数字大小。

（5）自由讨论：处于尊贵或卑微的地位时，心理分别有何感受？联系生活中的人际交往，你会想起什么？

第二节 大学生人际交往的心理障碍及调适

人际交往障碍是大学生最为常见的心理问题，也是影响大学生心理健康的主要因素之一。大学生在人际交往中的常见心理障碍主要表现为以下几点。

一、自负心理

自负的人总是以自我为中心，他们经常放大自己的优点，过分强调自己的感受而忽视他人的感受；与人交往时，常常居高临下，盛气凌人，看不起他人，也很少关心他人。自负心理产生的原因主要包括以下 2 点：

（1）自我认知错误。如果说自卑者是无限放大自己的缺点，那么自负者就是无限夸大自己的优点。自负者通常只看得到自己的优点，对自己没有客观而全面的认识，也就是人们常说的“缺乏自知之明”。

（2）自尊心太强。自负者一般都有很强的自尊心。他们在人际交往中遭受挫折时，为了保护自尊心，通常会产生两种截然相反的心理来保护自己：一种是自卑心理，即通过自我隔绝来避免自尊心继续受到伤害；另一种是自负心理，即通过夸大自身优点来获得心理补偿。

大学生可以通过以下方法对自负心理加以调适：

（1）正确地认识自己，接受他人的批评，进行自我批评。大学生既要了解自身的优点与长处，也要清醒地认识到自己的缺点和不足，以及这些缺点和不足可能给自身发展带来的阻力。另外，还要诚恳地接受他人的批评。俗话说：“不识庐山真面目，只缘身在此山中。”个体对于自身的认识是不够全面的，因此可以通过他人的批评来认识自身存在的不足，并以此为契机进行改进。此外，加强自我批评，勤于自我反思，也是调适自负心理必不可少的措施。

（2）学会换位思考。要想获得他人的尊重，首先应该尊重他人。要想真正做到尊重他人，就要懂得站在对方的角度思考问题，感同身受，推己及人。自负者往往以自我为中心，喜欢从自己的角度考虑问题，这与尊重他人背道而驰。因此，大学生要想克服自负心理，就应在人际交往活动中多换位思考，学会站在别人的角度考虑问题。

二、自我封闭心理

部分青少年进入青春期后，会自觉或不自觉地封闭自己的内心，不轻易外露自己的内心想法和情感，甚至把自己与别人隔绝起来，这就是自我封闭心理。有自我封闭心理的大学生不愿意向他人敞开心扉，没有与他人交往的意愿，也不相信有人能了解自己，很难与周围的人融洽相处，从而表现出人际交往障碍。

大学生产生自我封闭心理的原因是多方面的，既有性格方面的原因，也有挫折经历、环境，以及家庭教育方式等方面的影响。通常来说，与教师、同学关系融洽，好朋友较多的大学生，很少表现出自我封闭心理；相反，与教师、同学关系紧张，缺少朋友的大学生，自我封闭心理表现较为明显。性格外向、兴趣广泛的大学生往往不会产生自我封闭心理；相反，性格内向、兴趣匮乏的大学生较容易产生自我封闭心理。

培养对生活和人生的热爱是改变自我封闭心理的主要方法。有封闭心理的人要有意识地去发掘生活中美好的事物，找到值得自己为之奋斗的目标，学会以热情的方式待人，逐渐敞开自己的心扉。正确认识自我是矫正自我封闭心理的突破口。有自我封闭心理的人大多对自己有不正确的认识，如有些人自命不凡，将孤僻视为个性，他们需要通过自我反省来正确认识自己。此外，有自我封闭心理的人还应多参加集体活动，感受人情温暖，产生与他人成为朋友的愿望，从而逐步建立起健康和谐的人际关系。

拓展阅读

做一个对生活充满热爱的人

无论年纪多大，生活都不曾褪色

平时，我们常常能看到对生活充满热爱的老人，他们精神矍铄，嗓音洪亮，笑容开朗。这些老人都在传递一种积极的人生观：只要还活着，就要相信，生活还有诗和远方。

热爱生活的人，通常也会比较健康。有研究发现，感觉自己拥有一颗“年轻的心”的人更有可能长命百岁。

无论身处何地，生活都可以有姿有色

热爱生活这件事，与年龄无关，身份、环境更不是阻碍。我们身边总有那么一些人，他们即使身处泥泞之中，也依然不忘仰望星空。

被网友亲切地称为“抹灰哥”的建筑工人石某能写一手好字。这个小伙子的业余爱好是写字画画。他表示，自初中起就喜欢上了书法，在他外出打工的这十多年里，他一直都没有放弃这个爱好。他说，结束每天的工作后，这样一种随意挥毫泼墨，是他最喜欢的放松方式。生活可能艰辛，但热爱生活的人会在寻常的日子中找到属于自己的乐趣。

对生活充满热爱，生活终会回馈你精彩

近年来，网络上流传着一些“丧词”，从表情包“葛优躺”到网络热词“佛系”“躺平”等，都表现出当下一些年轻人对生活消极的状态。我们也常常听到，身边的人抱怨生活无聊、乏味。其实，生活在哪里都是一样的，有的人之所以与别人不一样，是因为他们选择了热爱生活。热爱生活，就是热爱生命，生活有多美好，取决于你对它有多热爱。

一个热爱生活的人，生活也将回馈其精彩。相关专家表示，对生活充满热爱，会让人幸福指数升高，心情愉悦。热爱生活的人，会积极主动地做事情，并享受过程本身，而积极行动之后的结果一般也不会太差。有研究证明，人们在做感兴趣的事时，能够分泌多巴胺，激活大脑的奖赏机制，给人带来刺激或快感，从而形成正向反馈。

（资料来源：健康时报网，有改动）

三、猜疑心理

猜疑是一种不良心理品质。爱猜疑的人常常在心里设定一个假想敌，总觉得别人在背后算计自己、议论自己。他们很难信任他人，喜欢胡乱猜忌，且心胸狭窄，爱计较。

猜疑会导致人际交往无法正常进行，因为猜疑者会在人际交往中一味地以自己的方式对待别人，这样会伤害他人感情，破坏人际关系，同时也会使自己处于不良的心态之中。大学生可以通过以下方法对猜疑心理加以调适：

（1）改变认知方法和思维方式。一方面，遇事既不要主观臆断，也不要先入为主，而应告诫自己先观察，仔细分析事实是否真的如此，最后再得出结论；另一方面，要善于用事实检验论断，对照事实反思自己的认知方法和思维方式，并予以矫正。

（2）调控不良情绪。有猜疑心理的人如果感情用事，冲动行事，就容易强化自身的错误认知，从而做出一些不利于人际关系的行为。正确的做法是，在情绪激动时，不妨转移一下注意力，做一些别的事情，待冷静下来后再进行分析与决断。

（3）培养自信心。自信心源自个体对自己能力的认可，自信心的增强有助于个体看到事情好的一面，从而避免胡乱猜疑。

（4）主动了解他人。猜疑的产生，一方面是由于客观上缺乏对他人的了解，另一方面是由于主观上不愿意去了解他人。所以，大学生要想克服猜疑心理，就应主动与周围的同学、教师和亲朋好友接触，学会在交往中观察、了解他人，对他人做出较为客观、全面的评价。

四、妒忌心理

妒忌是一种扭曲的、不健康的心理状态。有妒忌心理的人总会不自觉地与周围人进行多方面的比较，当自觉不如人时，就会产生羞愧、怨恨、愤怒等多种复杂的情绪。妒忌心理有 2 个特性：① 指向性。妒忌的对象往往只局限于自己周围圈子里那些比自己“能干”和“幸运”的人，表现为对他人的长处、成绩等心怀不满，甚至心怀嫉恨。② 攻击性。通常，轻微的妒忌表现为内心产生怨恨情绪，向内攻击自己，若这一情绪进一步发展，个体便会表现出一定的攻击性，如讥讽、诽谤对方，在他人面前说对方的坏话等，而这种攻击行为容易导致人际冲突和交往障碍。

大学生可以通过以下方法对嫉妒心理加以调适：

（1）化嫉妒为动力。嫉妒心理源于个体因他人在某个方面强于自己而产生的不平衡心理。要想打破这种不平衡心理，理性的做法是化嫉妒为前进的动力，依靠自己的聪明才智，通过“扎扎实实做事”来超越对方。这既无损于他人又有益于自己。

（2）加强自身修养。嫉妒心强的人往往存在一些性格缺陷，如目光短浅、气量狭小、以自我为中心、易受外界影响等。所以，易产生嫉妒心理的人有必要加强自我修养，完善自身性格，拓宽眼界，提升境界，正确看待别人取得的成绩。

（3）充实自己的生活。一位著名的哲学家曾说，只有闲人才会产生嫉妒心理，每一个埋头于自己事业的人，是没有工夫去嫉妒别人的。如果大学生能够看到自己的优势和长处，增强自信，并通过努力改善自己的不足，充实自己的生活，就不会嫉妒他人。

五、自卑心理

自卑是一种因过多地否定自我而产生的消极的情绪体验。自卑的浅层感受是别人看不起自己，深层体验是自己看不起自己。有自卑心理的大学生在交往中常常表现为缺乏自信，对自己的能力、品质等评价过低，做事畏首畏尾，心理承受力弱，遇到一点挫折便怨天尤人。

实际上，自卑的人往往并非能力低下，他们之所以自卑是因为对自己缺乏全方位的了解，没有发现自己的优点和长处，或者总拿自己的短处和别人的长处相比，常常觉得自己不如别人，自我价值感低。因此，自卑者在交往中常感到不安，不愿主动与人交往，其交际圈较窄。自卑是心理暂时失去平衡的一种心理状态，通常可通过以下方法加以调适：

（1）学会客观认识自己。人无完人，每个人都有优点和缺点。有自卑心理的人要想克服自卑心理，就必须转变看待自己的视角，全面而客观地认识自己，看到自己的优点，肯定自己的成绩。只有这样，才能增强自信心，逐渐克服自卑心理。

（2）设置合理的目标。克服自卑心理的一种重要方法，就是设置合理的奋斗目标，即在分析自身现实条件和预测自身发展潜力的基础上，本着通过努力能够实现的原则，科学地确立奋斗目标。只有这样，才能在实践中不断取得成功，逐渐增强自信。

（3）进行积极的自我暗示。大学生应多分析自己的有利条件，不断提醒和激励自己，使自己在心理上确信自己能够获得成功。长期进行积极的心理暗示，能让个体改变看待自己的视角。

（4）观察自信的人并向其学习。因自卑而产生社交障碍的大学生，可以多观察、学习自信的人的行为方式及表现，并有意识地进行模仿。

六、社交恐惧心理

社交恐惧心理是指大学生在人际交往中受挫之后，为避免再次遭受交往挫折而产生的一种防御心理。其主要表现为在社交场合中莫名地紧张、害怕。有社交恐惧心理的人不敢见人，与人说话时局促不安，面红耳赤，神经处于一种非常紧张的状态，严重者拒绝与任何人产生社交联系，存在严重的人际交往障碍。

社交恐惧

要想减轻或克服社交恐惧心理，大学生可以尝试以下方法：

（1）调整认知。研究表明，影响个体情绪和行为的并不是客观事件本身，而是个体对自己的认知。因此，大学生要找出导致自己出现社交恐惧的错误认知，并做出调整。有一名大学生在心理咨询时说道："最近一个多月以来，我时常感到紧张、恐惧，是因为一个月前我在课堂上回答问题时答错了。"这名大学生的不良心理状态主要是由不正确的认知导致的，因为他认为自己不能犯错，否则就会被别人看不起。要想消除这种紧张、恐惧的心理，可以从改变错误的认知做起。

（2）改善自身气质中消极的一面。每一种气质类型都有其优势和劣势。大学生可以有针对性地改善自身气质中不利于人际交往的一面。例如，抑郁气质类型的人比较敏感，情感体验深刻，别人的某些正常言行容易被其解读为是别人针对自己的言行。这种体验会让其感到不愉快，甚至紧张不安，最终陷入恐惧心理的困扰之中。因此，抑郁气质类型的人在进行人际交往时，不妨有意识地从积极的角度去解读他人的言行，这样可以避免人际关系变得紧张。

（3）克服完美主义倾向。有社交恐惧心理的人通常存在完美主义倾向，对自己抱有过高的期望。其实，每个人都有缺点，都会犯错，如果总想给别人留下一个完美的印象，而现实又常常不遂人愿，就难免会产生社交恐惧心理。俗话说："金无足赤，人无完人。"在人际交往中，不管是对他人，还是对自己，都注意不要求全责备。

（4）进行系统脱敏训练。有社交恐惧心理的人在人际交往中通常有退缩表现，其退缩的心理和行为会削弱其人际交往的动机和能力。这类人可以通过系统脱敏的方法来逐渐消除自身的社交恐惧心理及其他不良症状。具体做法如下：迫使自己参加人际交往活动，可以从简单的人际交往活动开始，在取得一定的进步后再尝试稍有难度的人际交往活动，从而逐渐消除社交恐惧心理。系统脱敏的过程是痛苦的，因为改变意味着要打破旧习惯、建立新习惯。使用这种方法时，首先要学会放松，其次要不断地给自己信心和勇气。

课堂互动

如今，很多年轻人都自称"社恐"。你如何看待这一情况？你认为自己是"社恐"吗？为什么？

第三节 大学生人际交往能力的提升

人际交往能力是一种重要的素质，是能否适应社会的重要标志之一。大学生应熟悉人际交往的心理效应，了解人际交往的基本原则，掌握人际交往的基本技巧，努力提高自己的人际交往能力。

一、人际交往的心理效应

（一）首因效应

首因效应是指与他人第一次交往时给他人留下的印象，在对方头脑中形成并占据主导地位。第一印象往往非常深刻，而且持续时间长。虽然后来接收的信息也会影响人们的认知，但都无法与第一印象相提并论。一个人的谈吐、举止、相貌、服饰、神态等对他人来说都是新信息，对感官的刺激比较强烈，有新鲜感，是第一印象形成的主要依据。

第一印象有时候是片面的、不正确的，但不可否认的是，第一印象确实是最鲜明、最牢固的。第一印象的好坏往往会影响人们的后续交往，如果初次交往时给人留下的印象非常好，那么人们会很愿意与之交往；相反，人们对于第一印象反感的人，总是采取冷淡，甚至逃避的方式避免与之接触。因此，在日常交往过程中，尤其是与别人初次交往时，一定要注意给别人留下美好的印象。

（二）近因效应

在人际交往过程中，人们对交往对象最近、最新的认识会占据主导地位，这就是所谓的近因效应。近因效应与首因效应是相对的。一般而言，在与陌生人交往时，首因效应起的作用较大，而与熟人交往时，近因效应的作用则较为明显。近因效应告诉我们，在人际交往过程中，要始终真诚相待，注意平时给对方留下的印象。

（三）晕轮效应

晕轮效应是指在人际交往中，人们通过交往对象的某种特征推断其总体特征，进而产生美化或丑化对方的现象。“情人眼里出西施”“一白遮百丑”就是典型的晕轮效应。

在人际交往中，可恰当地运用晕轮效应给对方留下良好的印象，进而建立和发展人际关系。但是，在多数情况下，晕轮效应常出现“以偏概全”的错误，导致不正确的评价。因此，在评价一个人时，要综合其各方面的信息做出判断，切忌单凭直觉判断。

（四）刻板效应

刻板效应是指人们对于某一群体有比较固定、概括而笼统的看法，并把这种看法扩大化，认为属于这一群体的个人都具有该特征，而忽视个体差异的存在。这样做虽然有利于对某一群体做出概括性的评价，但也容易产生认知偏差，造成“先入为主”的成见，导致无法对交往对象做出正确的评价。例如，人们往往认为老年人保守，年轻人冲动；北方人豪爽，南方人精明。

（五）投射效应

投射效应是指在人际交往中，人们在形成对他人的印象时总是假设对方与自己有相同的倾向，即把自己的特性投射到他人身上。所谓“以小人之心，度君子之腹”，反映的就是投射效应的一个侧面。投射效应容易导致我们对他人的情感、意向做出错误的判断和评价，歪曲他人意图，不利于人际交往。

一般来说，投射可分为两种类型：一种是个人没有意识到自己具有某些特性，而把这些特性投射到了他人身上。例如，一个对人有敌意的学生总感觉别人跟自己过不去，似乎别人的一举一动都有挑衅的色彩。另一种是个人意识到自己有某些不称心的特性，而不自觉地把这些特性投射到了他人身上。例如，考试时，作弊的学生总觉得其他学生也会作弊，如果自己不作弊，就吃亏了。人们往往通过这种投射重新评价自己某种不称心的特性，以求得心理上的暂时平衡。

二、人际交往的原则

（一）平等原则

这里所说的平等主要是指人与人之间的人格平等，是尊重他人与尊重自我两者的统一。平等原则是人际交往的第一原则，意味着我们与人交往时要以互相尊重、互谅互让为前提。

在与人交往时，不论对方的学习成绩如何、家庭背景如何、是否是班干部、长相如何，大学生都应做到平等相待、诚恳相待，既不妄自尊大、目中无人，也不妄自菲薄、自轻自贱，否则将难以与他人建立良好的人际关系。

（二）诚信原则

诚信即诚实守信，是为人之本。具体来说，“诚”是尊重事实、真诚待人，既不自欺，也不欺人。“信”是忠于良心、信守诺言。“诚”是“信”之根，“信”是“诚”之用。中华传统美德把诚信视为人“立身进业之本”，要求人们“内诚于心，外信于人”。

在人际交往中，遵循诚信原则意味着我们要做到以诚待人、信守诺言，充分展现对他人的尊重，表露出交友的诚意。

（三）宽容原则

从心理学上来讲，每个人都希望自己被他人接纳，并能够与他人和谐相处。但是，“千人千面，百人百性”，在人际交往中，交往双方不可避免地会产生误会、摩擦，甚至冲突，这就需要有一种有效的“化干戈为玉帛”的缓冲器和润滑剂，即宽容。

宽容原则是指在人际交往中要做到宽以待人，要能够接受与自己观点不同的见解。宽容是一种较高的境界。一个宽容他人、理解他人、体谅他人的人，更容易融洽地与他人相处。大学生要努力处理好竞争与相容的关系，做到谦让大度、克制忍让。

（四）互利互助原则

人际交往是一种双向行为，故有“来而不往非礼也”之说，只有单方获得好处的人际交往是不可能长久的。社会学家认为，在正常的人际交往中，人们常常会遵循趋利避害原则，即人们总是倾向于选择那些更有价值的社会交往活动。

人际交往中的回报有物质上的，如资源共享、共同获利，也有精神上的，如心理慰藉。同时，也存在交往双方在物质和精神上双双受益，或一方在物质上获利，另一方在精神上获益的情况。只有交往双方都遵循互利互助原则，人际交往才会是愉悦的、顺畅的、和谐的、成功的。

（五）换位思考原则

换位思考原则是指在人际交往中要站在对方的立场上考虑问题，尝试理解对方的想法和感受。在人际交往中，通过换位思考，设身处地地理解别人，会让对方感到被尊重和被重视，从而乐意与你交流、沟通，进而能够促进双方建立良好的人际关系。

（六）适度原则

适度原则是指在人际交往中对与他人的交往程度和方式的把握要恰到好处。有一个寓言故事，说的是一群身上带刺的豪猪挤在一起过冬，开始它们很困惑，不知道大家应该保持怎样的距离，距离远则不能相互取暖，靠得太近，彼此的刺又会刺痛对方，多次磨合之后，它们终于找到了最合适的距离，在彼此都安好的情况下，保持了群体的温暖。这个故事说的就是人与人交往过程中的适度原则。朋友之间的相处也如同豪猪取暖，只有把握好彼此间的距离，双方才能和谐相处。

课堂互动

你平时是如何与朋友相处的？你在与朋友相处时哪些方面做得较好，哪些方面做得不太好？你打算以后如何改进？

三、人际交往的技巧

大学生在人际交往中，除了掌握基本的交往原则外，还应讲究与人交往的方式方法。常见的人际交往技巧包括以下几点。

（一）重视交往的第一印象

研究发现，第一印象的好坏主要取决于一个人的仪表。因此，在人际交往中，首先要做到穿着得体，并且注意自己的仪态是否自然、大方、协调、美观；其次，在与人交谈时要语速适中，语气平和，音调自然；最后，要注意自己的言谈举止，表现出友好和自信。

（二）学会倾听

在生活中，能说会道的人很多，但善于倾听的人却少之又少。沟通的基础，不是口若悬河、妙语连珠，而是通过倾听，理解对方的处境和需求。在人际交往中，学会倾听十分重要。倾听不仅是一种沟通的手段，更是一种尊重说话者的表现，一种无声胜有声的回答。

怎样才能做好一名倾听者呢？首先，要身心投入，放下手中的其他事情，向对方传递“你已经准备好认真听他（她）说了”的信号，并真诚地表现出对对方说的话感兴趣；其次，不随意打断对方，同时还要注意适时地给予对方回应；最后，充分尊重对方，不随意评判对方的观点，或纠正对方的错误。

（三）真诚地赞美对方

从心理学角度来看，被赞美源于个体被尊重、被认可的需要。一旦这种需要被满足，人就会充满自信和活力。绝大多数人都期望别人欣赏、赞美自己，希望自己的价值得到肯定。在人际交往中，赞美不仅能化解矛盾，更能促进理解，加速沟通。懂得赞美的人往往比不懂得赞美的人更受欢迎。应注意的是，赞美必须发自内心，让对方感受到你的真诚，虚情假意、溜须拍马只会令人反感。

（四）多谈对方感兴趣的话题

在人际交往中，很多人往往会走向一个误区，即交谈时只顾自己的喜好，而忽略对方的兴趣。事实上，大多数人对自己不感兴趣的话题或陌生的领域都没有什么热情。相反，如果遇到自己感兴趣的话题或擅长的领域，他们常常会情绪激昂地参与其中。因此，在人际交往中，应多谈对方感兴趣的话题，以激发对方的交谈热情，进而增加双方交往的深度。

（五）讲究语言艺术

俗话说：“良言一句三冬暖，恶语伤人六月寒。”社交中使用的语言是否得当，是否合乎礼仪，对人际交往有很大的影响。因此，平时与人交往时，大学生要特别注意讲话的方式方法，从尊重他人的角度出发，做到态度友好、真诚，言语温和，讲话礼貌，多使用正面的、积极的语言，少采用“说教”的腔调，等等。

拓展阅读

为何说教无用？

在与人交往时，人们很容易站在自己的视角用“说教”的口吻“教育”对方。殊不知，这种沟通方式看似态度友好，实则很容易让人产生逆反心理，引发对方的反感，让沟通无法继续，或者以失败告终。为什么说教无用？

一是“说教”给人以居高临下、傲慢无礼之感。这种“晓之以理”蕴含着“我比你高明”之意，让人心生不悦。

二是“说教”暗含着语言暴力——你的想法不重要，必须听我的才会有好结果。

第四节 大学生寝室人际关系

寝室人际关系与大学生心理健康有密切关系。生活在和谐氛围寝室的大学生，善于交往、心态积极、乐于助人；而处于不和谐氛围寝室的大学生，常常具有自我防御、敏感、压抑、偏激等特点。

一、影响大学生寝室人际关系的因素

（一）生活习惯的差异

大学生寝室是集体宿舍，宿舍成员来自全国各地，他们的地域文化、家庭环境、生活经历等各不相同，因而生活习惯也不尽相同。如果大家不能很好地磨合，包容彼此，接受彼此不同的生活习惯，就会导致矛盾产生。

（二）个性的差异

寝室中的人在性格上可能有着很大的差异。个性不同意味着他们的行为方式和处世态度也不同。当不同的见解和做法得不到有效的交流和沟通时，就会产生摩擦或冲突，进而导致寝室人际关系紧张。

（二）自我中心思想的存在

当代大学生中，大多数人在家庭里备受宠爱，又缺乏集体生活的经验，凡事习惯先考虑自己，喜欢以自我为中心思考问题，甚至认为寝室成员应该像自己的家人一样处处让着自己，所以在与他人共同生活时，很容易产生矛盾。

（四）处理人际关系技巧的缺乏

和谐的人际关系需要丰富的人际交往知识和技巧。但从未真正踏入过社会的大学生往往缺乏处理人际关系的能力。在人际关系中，他们往往凭直觉和以往的经验来处理遇到的各种人际问题。

例如，很多大学生都有这样的感受——“很想和舍友交流，但却不知道该说些什么”“当被舍友误会时，我不知道该如何解释”“当和舍友产生矛盾时，我不知道该怎么处理”等。寝室生活中遇到的基本是一些很小的事情，但如果处理不当或沟通不充分，很可能会导致矛盾恶化，影响彼此之间的关系。

二、和谐寝室人际关系的作用

（一）“家”的功能

大学生进入大学以后，远离了家庭，远离了父母，寝室就是他们在大学的“家”。大学生们都希望能在寝室里获得以前由家庭所给予的温暖、理解和尊重，希望和舍友和睦共处、相互照应、相互帮助。因此，和谐的寝室人际关系能让大学生回到寝室便有一种回家的感觉，满足大学生归属感的情感需求。

（二）促进学习的功能

寝室为大学生提供了一个很好的相互交流和学习的平台。一个寝室 4～8 个人，有着不同的经历和想法，如果能相互帮助，在寝室中分享学习经验，交流学习心得，将对大家的学习有很大的促进作用。同时，一个寝室良好的学习氛围能促使大学生产生强大的学习动力，你追我赶，共同进步。

案例分析

小汪是一名大二的学生，她觉得在大学里最让她苦恼的事情就是处理与室友的关系。她表示，自己和室友的关系并不好，经常闹矛盾，寝室的氛围像冰窖一样，很影响心情，她每天都不愿意待在寝室。一想到还要在“冰窖”般的寝室住一年多，她就感到很崩溃。

上大学以前，小汪一直以为同寝室同学之间的关系是最好的，但现实却恰恰相反，她和其他寝室的同学的关系都很好，唯独和自己寝室的人水火不容。她不知道该如何打破现在这种局面，如何才能与室友友好相处。

由于紧张的寝室关系严重影响了小汪的学习和生活，所以小汪走进了学校的心理咨询室，向心理老师倾诉了自己的苦恼。最终，在心理老师的指导下，小汪调整了自己的心态，并尝试与室友沟通。通过与室友的沟通，小汪意识到了自身存在的问题，并有意识地改正了自身的问题。后来，小汪与室友的关系逐渐缓和，寝室的氛围也变得越来越温馨。

【分析与点评】

寝室关系是大学生人际关系中非常重要的一种。同一寝室的同学分别来自不同的城市、家庭，在许多方面存在明显的差异，大到价值观、人生追求，小到生活习惯，每天在一起难免会出现各种各样的小问题，这是人际交往中的正常现象。

在日常生活中，大学生应带着平等、尊重、真诚的态度，本着求同存异的原则与室友相处。当与室友产生矛盾或冲突时，大学生应设身处地地站在对方的角度考虑问题，抱着“己所不欲，勿施于人”的态度，开诚布公地与室友进行沟通，同时，应提醒自己理性看待问题，抛开个人情绪，就事论事，与室友共同探讨解决问题最有效的办法，从而化解矛盾与冲突，收获和谐的寝室人际关系。

三、改善寝室人际关系的技巧

（一）与室友统一作息

每一个寝室都应该规定一个统一的作息时间。只有大家协调一致，共同遵守规定的作息时间，才能减少争执，消除摩擦，维持正常的生活秩序。如果寝室里总是有一个人睡得很晚，待寝室其他成员都睡了才去洗漱，久而久之，这个人就会引起室友的厌烦。

因此，寝室的全体成员应当尽量统一起居时间，减小作息差异。倘若确实有事需要早起或者晚睡，也应尽量降低声响和灯光对室友的影响。

（二）不搞“小团体”

在寝室，应当平等对待每一个人，不要厚此薄彼，和某一个人或某几个人打得火热，而疏远其他人，更不要因为一些小矛盾就孤立某个人。与寝室中的某一个同学关系更为亲密是可以理解的，但不能因此拒绝与其他同学建立友谊。室友是陪伴我们一起度过大学时光的“战友”，每个人都应该好好珍惜这份难能可贵的感情。

（三）不触犯舍友的隐私

首先，每个人都有自己的秘密，大学生要学会尊重他人，不去触碰他人的“禁区”；其次，未经室友同意，不可擅自动用其衣物、生活用品等，切莫以为是熟人就忽视了这个问题；最后，同住一个寝室，难免会在不经意间知道室友的某些隐私，对此我们要做到守口如瓶。将室友的隐私告诉他人不仅是对室友的不尊重，也是不道德的行为。

（四）积极参加寝室的集体活动

寝室的集体活动是室友维系感情的重要方式，每个人都应该积极参与。千万不要把寝室的集体活动当作费财费力的无聊之举，表现出一副不屑与之为伍的样子，更不要简单回绝而伤了室友的心。如果对活动的形式有其他想法或意见，可以提出来，而不要勉强参与，否则会让室友觉得你在应付了事。

可以说，寝室活动的有无和多少，能从侧面反映一个寝室的团结程度。倘若某个人总是不参加寝室活动，慢慢地就会难以融入集体，变得不合群。

（五）互相帮助，有事求助

良好的人际关系是以互相帮助为前提的。当室友遇到困难时，我们应当主动伸出援助之手；当我们遇到困难时，也要主动向室友求助。要知道，求助并非意味着麻烦别人，有时反而能表明你对别人的信任。设想如果你有事需要请人帮忙，舍近（在身边的室友）而求远（他人），室友会觉得你不信任他（她）。应注意的是，求助室友要讲究分寸，不要使其感到为难，如果对方无法提供帮助，也不要埋怨对方，不能把别人的帮助视为理所应当。

（六）不拒绝他人的好意和邀请

室友之间分享零食是很正常的事情，室友拿来零食与你分享时，要学会欣然接受，如果觉得不好意思，可以之后找机会把自己的零食或从家里带来的特产分享给室友以示感谢。如果室友过生日或因其他事情邀请你吃饭，也应大方接受，可通过回请对方或送对方一个礼物来表达谢意。如果每次都因不好意思而拒绝对方的好意和邀请，久而久之，别人难免会认为你傲慢，从而对你“敬而远之”。

（七）完成该做的“杂务”

完成该做的“杂务”不仅指做好自己的事，也包括搞好集体的事。有些人在家懒惰成性，所有的事都依赖家人打理，住寝室难免恶习毕露：开水从来不打，每天喝别人的；衣物不注重整理，乱扔一气；寝室的公共卫生更是不闻不问，扫地、擦门窗等事都指望室友来完成。这样自私、懒惰和邋遢的人，没有一个集体会欢迎。

因此，寝室里的每个人都必须尽力完成属于自己的那份“杂务”，不要指望别人来“帮助”你。集体的事要靠集体来完成，任何一个人都不能撒手不管或敷衍了事。

心灵驿站

管鲍之交

管仲和鲍叔牙都是春秋时齐国人，两人少年时就是好朋友。

鲍叔牙很赏识管仲的才学，也很了解他的为人。两人曾经一同做买卖，在分利时，管仲总要多得一些钱。鲍叔牙知道管仲家里贫困，从来不因他多得了钱而说他贪心。管仲曾替鲍叔牙办过几件事，可是事情没办好，反而弄得更糟糕。鲍叔牙并不认为是管仲无能，因为他知道事情总有不顺利的时候。管仲曾三次当官，但三次都被罢了官。鲍叔牙并不认为他没有才干，因为鲍叔牙知道他是没遇到赏识他的人，没有得到发挥才干的机会。管仲曾经三次参加作战，每次都逃跑了。鲍叔牙也不认为是他胆小怕死，因为鲍叔牙知道他的家里有老人要奉养。鲍叔牙对管仲了解得如此深透，所以管仲曾感慨地说："生我的是父母，知我的是鲍叔牙啊。"

后来，管仲做了齐襄公的弟弟公子纠的老师，鲍叔牙做了齐襄公另一个弟弟公子小白的老师。齐襄公荒淫无道，把自己的兄弟都赶出了齐国。

不久，齐国发生内乱，齐襄公被杀。公子纠和公子小白得知消息后，都急忙赶回齐国，想抢先得到君位。管仲一面派人护送公子纠回国，一面亲自带人去拦截公子小白。他们在半路上遇到了公子小白的车队，管仲劝公子小白和鲍叔牙原路返回，他俩不肯，管仲就取出箭向公子小白射去，公子小白大叫一声，向后倒去。管仲以为公子小白已被射死，便返回去，不慌不忙地护送着公子纠前往齐国。

谁知公子小白并没有死，管仲那一箭正巧射中了他的衣带钩，他怕再挨一箭，急中生智，假装被射中倒下。看见管仲走了，他才带人抄小路加速前进，最终抢先赶回国都，当上了国君，即齐桓公。

齐桓公即位后，立即派兵讨伐公子纠，公子纠被杀死，管仲也被捉住。齐桓公恨管仲差点儿杀了自己，要对管仲处以极刑。

鲍叔牙却对齐桓公说："管仲各方面都比我强，应该请他来当宰相才是！"齐桓公惊讶地说："管仲曾经想要杀我，你居然叫我请他来当宰相？"鲍叔牙却说："这不能怪他，他是为了帮他的主人才这么做的。我是您的辅臣，国君要加惠于我，使我免于饥寒，就算您的恩赐了。至于治理国家，则非我所能胜任的，只有管仲才行。我有五个方面不如管仲：宽惠爱民，我不如他；治国不失权柄，我不如他；忠信以交诸侯，我不如他；制定礼仪可以示范于四方，我不如他；披甲击鼓，立于军门，使百姓勇气倍增，我不如他。"

齐桓公听了鲍叔牙的话，请管仲回来当宰相。在管仲的辅佐下，齐国迅速强大起来。而管仲和鲍叔牙也在长期交往中结下了深厚情谊。

心理训练

盲人方阵

【活动目的】

（1）培养沟通意识，提高沟通技巧和决策能力。

（2）理解角色定位及尽职尽责地完成本职工作的重要性。

（3）增强团队协作意识，提高团队协作能力。

【活动过程】

（1）所有成员戴上眼罩后，活动开始。

（2）首先找到位于附近不超过 5 米的绳子，并在 40 分钟内把它围成 1 个最大的正方形，然后所有人都站在这个正方形的四条边上，确保每条边上的人数分布均匀。

（3）过程中任何人不得摘下眼罩，确认完成后，通知教师，得到准许后才可以摘下眼罩。

【安全要求】

（1）要求地面平整，周围没有障碍物，以保证成员的安全。

（2）戴上眼罩后，要求成员将手放在胸前，不得背手行走；过程中严禁蹲下。

（3）不要猛烈地甩动绳子，以免打到其他成员。

（4）注意脚下，不要被绳子绊倒。

（5）听到停止指令后，不得继续移动。

（6）摘下眼罩时背对阳光，慢慢睁开眼睛。

（7）避免在炎热或恶劣天气下开展此活动。

【分享讨论】

（1）如何进行有效的沟通，避免产生混乱？

（2）你觉得顺利完成这个游戏的关键是什么？

（3）如何让这个正方形更标准？

心理测试

测试一 你有人际关系方面的困扰吗？

这个测试可以通过《学生人际关系测试量表》来完成。

《学生人际关系测试量表》由 36 个测试题目构成。扫一扫下方二维码，进行测试吧！

测试二 你的感恩水平如何？

这个测试可以通过《感恩问卷》来完成。

《感恩问卷》由 10 个测试题目构成。扫一扫下方二维码，进行测试吧！

学生人际关系测试量表

感恩问卷

第七章

揭开爱的面纱　珍爱青春年华

本章导读

爱情是人类最永恒的话题之一，是关乎人生幸福的大事，它古老而又鲜活，复杂却又简单，具有普遍性但却因人而异；爱情是一种奇妙的、难以预测的情感，它可以使人极乐，感受到世界的美好和单纯的幸福，也可以使人极悲，体会到心的绞痛和破碎。正如一首歌唱的那样，“爱有双重魔力，也苦涩也甜蜜”。那么，爱情到底是什么？

学习目标

知识目标

◇ 了解爱情的含义和爱情的三要素

◇ 了解大学生恋爱的特点和性心理发展的特点

◇ 熟悉常见的大学生恋爱心理困扰和性心理困扰

能力目标

◇ 学会培养健康的恋爱心理

◇ 学会培养健康的性心理

素质目标

◇ 树立积极健康的恋爱观

◇ 理解爱的真谛，培养爱与被爱的能力

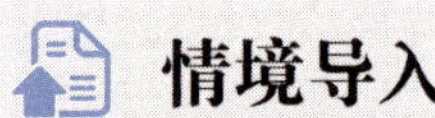

情境导入

如何做到不伤你

小颖是大一新生，为人善良。大学之前，她将全部精力都放在学习上，从来没有谈过恋爱。到了大学，每次看到情侣牵手走在校园中，都会感到不好意思。

情人节的中午，小颖和同学走在去食堂的路上，突然校园广播中播放了同班同学王乐给自己的留言，希望她做自己的女朋友，小颖一下子惊呆了。原来，小颖的单纯善良引起了王乐的好感，他一直默默喜欢小颖，终于在情人节这天鼓起勇气向小颖表白，希望她能给自己机会，做自己的女朋友。

尽管旁边的同学大呼浪漫，也有不少认识小颖的人投来羡慕的目光，但是小颖却感到不知所措。她与王乐没有说过几句话，不怎么了解对方，而且自己也从未有过恋爱经验，不知道自己对王乐到底是什么感觉，这一切对她来讲，实在有些突然和意外。

“自己和王乐是一个班的同学，以后还要一起上课，一起参加班级活动，这才大一下学期，以后还有三年多的时间要一同度过，如果直接告诉王乐自己不喜欢他，那以后见面的时候该有多尴尬啊，大家可能连话都不会说了，更别说是做朋友了，再说，他会不会很介意我拒绝他呢？”小颖心想。

小颖经过认真思考，觉得还是跟王乐说清楚比较好。于是她给王乐发了一条短信：“谢谢你喜欢我，但是我觉得我们做朋友会更好，对不起。”

讨论

你认同小颖的做法吗？为什么？

第一节 爱情概述

爱情是人生的必修课，正确理解爱情的内涵关乎个人的健康成长、家庭的幸福美满及社会的和谐稳定。大学生正处于对爱情充满向往和渴望的年龄阶段，正确认识爱情和性，是每一个大学生的必修课。

一、爱情的含义

什么是爱情?

"衣带渐宽终不悔，为伊消得人憔悴。"古今中外描述爱情的诗词歌赋、戏曲小说比比皆是，爱情是人们热衷的话题和活动。那么，爱情究竟是什么呢?

综合社会学和心理学角度，爱情是青年男女基于一定的社会关系和共同的生活理想，在各自内心形成的对对方最真挚的喜欢，并渴望对方成为自己终身伴侣的最强烈的感情。它是身心成熟到一定程度的个体对异性个体产生的具有浪漫色彩的高级情感，是人类特有的一种高尚的精神生活，是人际吸引最强烈的形式。爱情主要有以下 4 个特点:

(1) 成熟性。爱情是个体身心发展到相对成熟阶段时产生的情感体验。

(2) 生理性。爱情是以性本能为生理基础的，不是纯粹的精神上的依恋。

(3) 利他性。爱情的基本倾向是奉献。衡量一个人对某一异性有无爱情，可以看他(她)是否无条件地爱着对方。

(4) 排他性。一对深爱的情侣在亲密关系中是不允许彼此之间的关系被另外一个人打破的。

二、爱情的三要素

美国心理学家罗伯特·斯滕伯格认为，爱情应该包含亲密、激情和承诺三个要素，这三个要素分别代表了爱情三角形的三个顶点，如图 7-1 所示。三角形形状越偏离正三角形，表明其中一个要素突显，爱情不均衡。

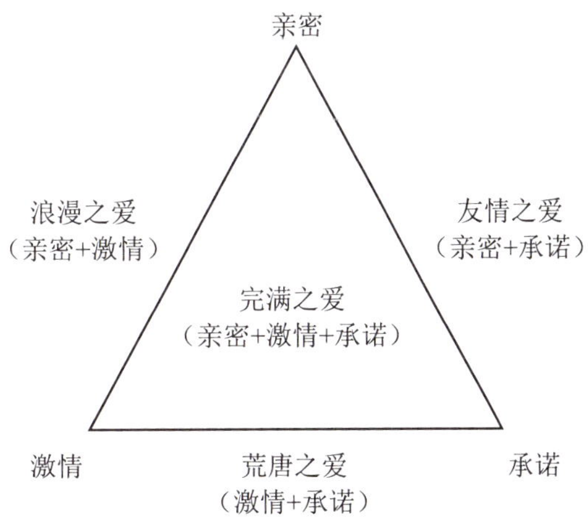

图 7-1 爱情的三角理论

亲密是指彼此依恋，希望照顾和关怀对方，属于情感维度；激情包含浪漫、害羞、思念、兴奋等成分，属于动机维度；承诺是指双方遵守对彼此的诺言，属于认知维度。当三角形成为正三角形时，便是理想中的完满之爱，这样完满的爱情是每个人所向往和期待的。在现实生活中，亲密、激情和承诺三者合理组合，才会形成较为理想的爱情。

大学生的爱情应该建立在相互倾慕、相互理解、相互尊重、共担责任、心甘情愿、不计回报和有共同理想的基础上，这才是理想爱情。在大学生的日常生活和学习中，这种理想爱情具体表现为：双方心灵相通，彼此包容对方的缺点，理解和尊重对方的选择，共同经营感情并承担其带来的后果，乐于无偿为对方奉献，双方有共同的人生目标，并为之积极努力。

课堂互动

在一次对当代大学生的采访中，一些同学描述了自己的恋爱观。

小美说："我不仅看重对方给我的好感，也会考虑我可以从他身上学到什么，这段亲密关系能带给我什么，同时还会考虑我能带给对方什么。"

为了更好地避免恋爱中出现的种种问题，小星认为"有能力爱自己，有余力爱别人是爱情中的必修课"。在她看来，恋爱是一个学习的过程，情感的成熟需要自己亲历爱情，在爱中学习、反思、磨合，获得心灵的成长。

在小林看来，爱情在于质量而不是数量，人的感情是不能随意挥霍的。最理想的恋爱是双方在一起后，各方面都能达到一加一大于二的效果。他将爱情的精髓总结为"三个互相"，即"互相理解""互相尊重""互相支持"。

在小吴看来，爱情的本质源于自我探索，需要每个人自己探寻才能找到答案，社会、高校、家庭，应该包容并启发学生进行爱的探索与尝试，培养他们爱的能力。

思考与讨论：你认同他们的看法吗？为什么？你的恋爱观是什么？

第二节 大学生恋爱

一、大学生恋爱的特点

不同年龄、不同群体的恋爱都有其特点，大学生群体也不例外，其恋爱特点主要表现在以下几个方面。

（一）恋爱的普遍性

大学生的生理发育已基本成熟，他们渴望接近异性，容易对异性产生好感，希望体验爱情的滋味。在大学这个对恋爱限制相对宽松的环境中，大学生很容易被异性吸引，并与合适的人建立恋爱关系。

（二）恋爱的浪漫色彩浓厚

大学生恋爱期间，对爱慕之情、理想信念等谈得较多，很少或者根本不讨论结婚、建立家庭等现实问题，这是由大学生的客观条件限制所决定的。大学生恋爱的这种浪漫色彩掩盖了实际存在着的矛盾，一旦遇到问题，如毕业后不在同一个地方工作等，恋爱关系就容易破裂。

（三）恋爱的自主性较强

大学生在恋爱问题上个性突出，重感情、易冲动。同时，他们认为自己已成人，在恋爱上应自己做主。因此，在确定恋爱关系时，在与恋人的相处上，以及选择结束一段恋爱关系时，一般都不会告知父母，或听取父母的意见。

（四）自控力与耐挫力较弱

陷入热恋之中的大学生，往往不善于控制自己的情感，缺乏理智，对恋爱对象过分依赖，稍有波折就痛苦万分。一旦恋爱受挫，他们就可能情绪失控、无法自拔，进而导致学习、生活受到负面影响。

（五）不成熟性与不稳定性

当前，大学生的恋爱呈现低年级化，人数呈上升趋势。大学一年级就开始谈恋爱已不是个别现象，有的大学生甚至一进校就开始寻找恋爱对象，并快速与自己觉得合适的人确定恋爱关系。低年级的大学生由于社会阅历浅、思想单纯，世界观、人生观、价值观仍未确立，因此，对待恋爱问题会想得简单，表现得不成熟。例如，在择偶标准上，低年级大学生往往重外表、轻内在；在恋爱方式上，往往重形式、轻内容；在恋爱行为中，往往重享乐、轻责任。

此外，他们在求学期间经济尚未独立，恋爱过程中感情和思想易变，缺乏妥善处理恋爱中情感纠葛的能力，极易造成恋爱周期短，或对恋爱对象的选择飘忽不定，从而导致恋爱的成功率很低。

二、大学生恋爱的意义

从心理学的角度看，恋爱对大学生来说是一把双刃剑，既能帮助大学生的心理发展走向成熟，又会给大学生带来各种心理问题。

（一）积极意义

（1）从自我意识建立的角度看，恋爱可以使大学生逐步建立完整的自我意识。恋爱时，恋爱对象像一面镜子时刻映射着自己的“形象”，鞭策自己不断完善自我。同时，大学生的自我概念也会受到恋爱对象的影响而不断发展，自我意识也会在此过程中不断完善。

（2）从人际交往能力发展的角度看，恋爱能大大提高大学生的人际交往能力。恋爱时，两人必然会遇到人际交往过程中所遇到的一般问题，而且还需处理情感纠葛等复杂问题，这将为大学生日后适应社会上复杂的人际交往打下良好的基础。

（二）消极意义

（1）恋爱需要时间和精力，若处理不好恋爱与学业的关系，则会影响、耽误学业，增加大学生的心理负担。

（2）恋爱具有排他性，若处理不好恋爱与友谊的关系，将带来人际关系的烦恼，会影响个人的情绪和生活。

（3）恋爱会影响大学生的心理平衡。处在恋爱中的大学生会因为一些小事而极度兴奋或极度烦恼，这都会带来心理紧张，而持续的心理紧张对心理健康是不利的。

（4）恋爱的进一步发展还可能带来一些其他问题。例如，失恋会给一些大学生带来极大的痛苦，使其身心受到沉重的打击。

三、大学生的恋爱困惑

（一）单相思

单相思是指异性关系中的一方倾心于另一方，却得不到对方回应的单方面“爱情”。大学生的单相思有两种情况：一是明知对方不喜欢自己，仍然一味追求；二是误解了对方言行的含义，错把友情当爱情。陷入单相思的人总是自觉或不自觉地密切关注对方的言语、表情、眼神，幻想与其在一起的种种场景。一旦从自己营造的“空中楼阁”中清醒过来，幻想被无情的现实击碎，情感得不到满足，便会陷入极度的烦恼和空虚之中。

单相思是每个人都可能会经历的一种心理状态，并不算是心理障碍，但盲目的、非理

性的单相思如果得不到合理的疏导与调适，就会导致心理失调，甚至更严重的后果。

一般来说，单恋往往源于大学生的爱情认知偏差。有单恋困扰的大学生，可以尝试列一列单恋对象的“缺点”，想一想自己与单恋对象的可能性和匹配度等，以打破自己的单恋“魔咒”。同时，还应明确爱情与喜欢、友情等是有区别的，可以冷静下来仔细想想“我对对方的好感是不是真正的爱情？”当认为自己感受到了对方的“情意”时，不妨暂且放下自己的“良好感觉”，多问几个为什么，冷静思考并分析，避免被自己的感觉所迷惑。此外，因单恋而感到困惑或痛苦时，可以向教师、家长或知心朋友倾诉，并听听他们的意见或建议，这样或许可以排解心中的苦闷，豁然开朗。

（二）“脚踩几只船”

“脚踩几只船”是指一方与两个或两个以上的异性发展、建立或保持恋爱关系，即多角恋。从爱情的排他性来看，多角恋并非真正的爱情。多角恋是产生爱情纠纷或人际冲突的主要原因之一，一旦失控就会给他人或社会带来较严重的后果。大学生中发生的多角恋多是因为当事人对爱情的含义和责任认识不足。

大学生多角恋的自我调适策略如下：① 鉴别。爱情具有排他性特点，陷入多角恋时，要想想自己的爱是不是真爱。② 思考。要考虑自己的爱是否遵从了正确的爱情责任观、价值观和道德观，或是否对他人造成了伤害。③ 抉择。意识到自己陷入多角恋时，应本着“不伤害他人，也不伤害自己”的原则，当断则断。④ 转移。将主要精力转移到学习、兴趣爱好上。

（三）恋爱至上

恋爱至上是指个体将恋爱作为自身最重要目标并为之投入极大精力。在恋爱至上者看来，爱情是生活的全部。为了恋爱，他们不顾亲情、学业，甚至不顾一切。所以当爱情突然消失的时候，他们会觉得一切都随着爱情消失了，亲情、友情、金钱、时间、工作和理想都可有可无。恋爱至上是一种较为偏执的认知状态，一旦出现感情问题，会给当事人造成严重的心理困扰。在大学生群体中，恋爱至上具体表现为：当事人一切都以恋爱对象的喜怒哀乐或恋爱双方的“二人世界”为中心，减少或完全脱离与恋爱无关的人或事的联系，如逃课、不与其他人打交道或不参加集体活动等。

恋爱至上心理的调适可从以下几个方面着手：第一，正确理解爱情的真谛，认识爱情中的责任成分、情感成分和道德成分；第二，增强对学业的兴趣，将主要精力和生活重心逐渐向学习和兴趣爱好上转移；第三，理性看待恋爱关系，尤其是恰当处理恋爱中出现的交往挫折和感情问题，避免人际冲突或不良后果的产生。

（四）失恋

失恋是恋爱中出现的较为严重的挫折，表现为双方恋爱关系的中断，亲密感、依赖感等的消失。失恋一般会使个体产生悲伤、痛苦、愤怒或失望的情绪情感体验，严重时个体还会产生强烈的报复心、自卑感，甚至迁怒于他人，有时甚至导致心理障碍或性格障碍。

由于身心发展的特殊性，部分大学生往往不能妥善处理失恋带来的心理问题，会表现出情绪低落、进取心减退或消失、痛苦、绝望等，甚至出现自伤或伤害他人的极端行为。

大学生要认识到，失恋只是爱情的丧失，并不是全部生活的丧失。要想摆脱失恋的痛苦，一是要相信时间的力量，二是要提高自己的心理承受力，增强心理适应性。

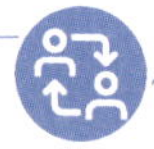

课堂互动

你有恋爱困扰吗？遇到恋爱困扰时，你愿意与谁交流？你是如何调适自己的心理的？

四、大学生爱的能力的培养

爱的能力是指个体与其他个体建立亲密关系的心理条件，包括迎接爱的能力、拒绝爱的能力、建立亲密关系的能力、承受失恋痛苦的能力等。

（一）迎接爱的能力

迎接爱的能力包括施爱的能力和接受爱的能力。一个人心中有了爱，在理智分析之后，要敢于表达、善于表达，这是一种爱的能力。一个人面对别人的施爱，能及时准确地做出判断，当期望的爱来到身边时能够勇敢地接受，这也是一种爱的能力。大学生应培养自己迎接爱的能力，知道自己需要什么样的爱，适合什么样的爱。

（二）拒绝爱的能力

爱情不能有半点勉强和将就，对于不愿接受或不值得接受的爱，应有勇气加以拒绝。拒绝爱时要注意以下 2 个方面：一是在自己不喜欢的人向自己表白时，要果断、勇敢地说“不”，如果优柔寡断或屈服于对方的穷追不舍，发展下去对双方都是不利的。二是要掌握恰当的拒绝方式，切忌不顾情面、恶语相向，因为每一份真挚的感情都值得被尊重。

（三）建立亲密关系的能力

（1）学会爱自己。自爱是给予爱的前提，只有先学会爱自己，内心才能充满爱，才可能给予别人爱，才可能真正地去爱别人。此外，每一个人都是一个独立的个体，只有学

会自爱，才能在爱情中保持自己的独立与完整，才可能收获美满的爱情，否则会在爱情中迷失和丧失自我。

（2）学会呵护爱情。爱情需要经营，需要用心呵护。爱一个人就要学会去接纳他（她）本来的样子，包容他（她）非原则性的错误，体谅他（她）的难处，理解他（她）的无奈。只有懂得并善于呵护爱情，才能使两个人的关系更加稳固和持久。

（3）了解对方的情感需要。男生和女生的情感需要有一定的区别，因此，大学生在恋爱过程中应注意了解对方的情感需要，以提高沟通质量。一般来说，男生的三大情感需要是能力被肯定、才华被欣赏、努力被感激，女生的三大情感需要是时常被关怀、需要被肯定、想法被尊重。需要注意的是，每个人都是特殊的，每个人的需要都可能与其他人有一定差异，恋爱双方在恋爱过程中应注意随时体察对方的状态，设身处地地站在对方的角度考虑问题，了解对方的诉求和需要。

（四）承受失恋痛苦的能力

大学生失恋后，要找到合理的发泄途径，理性审视恋爱失败的原因，不冲动行事，并努力提高自己的心理承受能力，找到正确的解决问题的方法和途径。也就是说，大学生要做到失恋不失德、失恋不失态、失恋不失志。

失恋不失德，即失恋后要守住道德。失恋是不幸的，但做不成恋人，还可以做朋友。谩骂、殴打、恶意攻击、造谣诬蔑或将两个人之间的隐私公之于众等做法都是极其不道德的，甚至是违法的。面对失恋，大学生要冷静分析，理智处理，充分尊重对方的选择。

失恋不失态，即恋爱受到挫折后，应保持平和、理性的心态，不能从此一蹶不振，整天垂头丧气、失魂落魄。

失恋不失志，即失恋后不能丢掉理想和志向。对于大学生来说，尽早从失恋的痛苦中解脱出来，把主要精力投入到学业和事业中，会使人生更加丰富、充实和有意义。

案例分析

“一直‘屈居’专业第二是我大学最大的遗憾，而专业第一是小媛，则是我最大的安慰。”这句笑言出自某大学毕业生李某之口，小媛是他的女友。这对包揽专业前两名的“学霸”情侣，大学期间共收获 53 张荣誉证书、累计各类奖学金 8.6 万元。他们两个一路你追我赶，共同成长。在他们眼里，携手学习与奋斗，是青春与爱情最美好的样子。

李某与小媛虽然同在一个专业，但并不在一个班级。大二时，一次偶然的优秀学长答疑活动让他们相识了，擅长不同科目的他们在互相钦佩之余，也暗暗下决心要更加努力。自此，他们开始发挥“1+1＞2”的效用，爱情也悄然在彼此心中萌发。

他们一起在图书馆读书、学习，共享笔记，共同准备各类答辩；当其中一个人在学业上遇到难题而心情烦躁时，另一个人总会耐下心来，帮对方分析情况、梳理思路，一起想解决方案。

在携手求索的几年里，李某与小媛活跃在各种实践活动中。作为不同“大创”项目的负责人，他们在探究自己课题的同时，也会交流彼此的进展，共同分析问题和改进方案。

谈及 3 年的相处，小媛说：“是他让我从我的小世界里走出来，去接纳别人的意见，变成更好的我。”李某则表示：“是她让我学会了坚持，我不能再什么都无所谓了，我不是一个人了。”李某与小媛都希望可以成为彼此的依靠。他们愿在这场棋逢对手的冒险中，一起经历，各自战斗，彼此鼓励与陪伴。

【分析与点评】

案例中李某和小媛的恋爱是大学生恋爱的典范，值得所有大学生学习。爱情，一直是大学校园的热点话题之一。“应该树立怎样的恋爱观？”“应如何处理好学习和恋爱之间的关系？”等都是大学生应认真思考的问题。

对于在校大学生谈恋爱，相关专家给出了如下建议：① 要树立正确的恋爱观，如“爱对方的同时，也要学会爱自己”“不过度依赖彼此，保持独立的人格”“尊重差异，多换位思考，学会理解”“对自己和对方都要负责”等；② 要处理好爱情与学业的关系，以学业为重；③ 如果失恋，要合理发泄，切勿自暴自弃、一蹶不振；④ 要有责任感，在校大学生属于成年人，要有正确的恋爱动机，不可随意确定恋爱关系，要洁身自好，正确把控自己的情感和行为；⑤ 要树立平等的金钱观，不能因为谈恋爱就让一方独自承担日常生活的各种费用。

第三节 大学生性心理

性心理是与情感心理和道德心理相关联的一种心理，是在性生理的基础上，与性特征、性欲望、性态度、性行为等有关的心理状况和心理过程，主要包括对自己性别角色的认识、与异性交往的态度、性观念等，是一个人正常心理的重要组成部分。

大学生正处于性生理发育基本成熟、性心理也逐渐趋于成熟的时期。为了有效应对这一时期可能出现的各种关于性的心理困扰或心理障碍，大学生应对性有正确的认识和了解。

一、性健康及性心理健康

性健康是指个体在性生理、性认知、性行为、情感和社会交往上保持健康的总和。性心理健康是指个体具有正常的性欲，能够正确认识性相关的问题，有较强的性适应能力，能与异性保持恰当交往及能促进自身身心健康发展。

性心理健康有以下具体标准：① 能正确认识自我，悦纳自己的性别；② 具有正常的性欲；③ 性心理和性行为符合心理发展年龄；④ 有较强的性适应能力；⑤ 能与异性保持和谐的人际关系；⑥ 性行为符合社会文明规范。

二、大学生性心理的特征

（一）性意识增强，渴望了解性知识

性意识是指个体对两性需求及其可能产生的种种关系的感觉或认知，具体指性征、性别角色和性冲动在心理认知层面上的反映。进入青春期后，由于性生理和性心理日趋成熟，加之不了解性的基本知识，不少大学生对性有强烈的好奇心，会情不自禁地对异性产生兴趣、好感和爱慕，他们渴望与异性交往，喜欢探索异性的心理秘密。在朦胧纷乱的心理变化中，大学生的性意识逐渐强烈和成熟起来。

（二）对性的关注及表现上的文饰性

随着性意识的增强，大学生对性的关注度越来越高。他们十分重视自己在异性心目中的形象，十分看重来自异性的评价，并常按照异性的要求和希望进行自我形象塑造。但同时，他们又不希望自己内心的秘密被他人察觉，因此会在行为上表现得拘谨、羞涩或冷漠，具有明显的文饰性。

（三）性别差异性

大学生的性心理存在着明显的性别差异性。在感情流露上，男生显得较为直接和热烈，女生往往表现得含蓄而内敛。在内心体验上，男生更多的是感到新奇、神秘和喜悦，女生则是感到羞涩、敏感和不知所措。在表达方式上，男生比较主动，女生则更喜欢采取暗示的方式。男生的性冲动易被性视觉刺激唤起，而女生则易在听觉和触觉刺激下引起性兴奋。

（四）性压抑

性压抑也是当代大学生性心理的一个主要特征。一方面，青年期是个体性欲最旺盛的时期，随着生长趋势的变化，大学生的性发育年龄不断提前，性心理易受外界的刺激而

“动荡不安”，产生性冲动。另一方面，在舆论道德及校纪校规的约束下，大学生的性需求得不到合理的疏导和释放，易产生焦虑和压抑情绪。

三、大学生常见的性心理困扰

（一）性意识困扰

大学生常见的性意识困扰表现为性焦虑、性幻想和性好奇等。这些都属于正常的生理和心理反应，但不少大学生认为其是一种困扰，往往出现诸如烦躁、自责、厌恶及精神不振等负面情绪，从而影响正常的学习、生活和身心健康发展。

有性意识困扰的大学生，应该加强对青少年生理、心理发展规律等相关知识的学习；应树立正确的性观念，养成科学健康的生活方式，在男女同学交往中保持大方自然；应特别注意减少或避免社会或网络不良风气对自身产生的负面影响，提高自律能力。当自觉无法摆脱心理困境时，可主动向教师或心理咨询师寻求帮助。

（二）性行为困扰

大学生常见的性行为困扰是自慰。自慰是指用手或替代物刺激、摩擦性器官以引起性快感的行为。不少大学生因为自慰行为而感到羞愧和自责。其实，自慰是一种正常的性行为，并非“不正经”的表现，大学生大可不必因此陷入心理困境。但这并不意味着可以为所欲为，大学生应该顺其自然，将主要精力转移到学习、文体活动和兴趣爱好上，切不可沉迷其中。

四、培养健康的性心理

（一）主动学习性知识

性科学是一门综合的学科，有着极为丰富的内容，它揭示了两性生理结构上的区别，以及性发展和性成熟的规律，能够帮助大学生了解自己，适应自己的性别角色，从而正确地调适自己的性心理。因此，大学生应通过书籍、网络等途径主动学习基本的性知识，了解有关性生理和性心理发展的普遍规律，以正确的态度看待性行为，用科学的方法解决性心理问题，进而消除对性的困惑和误解，减轻心理负担。

需要注意的是，应通过正规途径获取性知识，绝不可浏览那些低级、粗俗、不健康的书刊及视频。大学生接收性知识时一定要有所选择和过滤，以避免不良信息对身心造成不良影响。

（二）积极参加综合实践活动

积极参与各种综合实践活动，可以使大学生得到充分的放松，使性心理问题导致的焦虑情绪得到缓解。同时，广泛地参与综合实践活动还可以满足大学生与异性接触的需要，有助于大学生增进人际交往，拓宽视野，培养乐观的态度，保持愉快的心情。

（三）建立正常的异性交往关系

对于大学生而言，建立正常的异性交往关系，有利于情感的交流、智力的互补、个性的塑造、情绪的稳定和心理的补偿。大学生在与异性的交往过程中，首先，要树立正确的观念，正确处理友情与爱情的关系，建立纯洁的异性友谊与和谐的恋爱关系；其次，与异性交往时要自然、大方、真诚、坦率，避免害羞、忸怩或过于亲密的行为；最后，与异性交往时，言谈举止要注意分寸，做到亲近而不轻浮。

（四）塑造健康的人格

从某种角度来看，性是人格的一面镜子，一个人的责任、尊严及对他人的尊重都会在两性关系中有所体现。人格中的意志成分具有激发和抑制某种行为的作用，对于大学生来说，个人的思想观念、意志品质都会决定自我对性的控制程度。因此，大学生要树立健康的性观念，培养坚强的意志品格，充分尊重自我和他人，提升自我责任感，增强道德修养和法律意识，进而规范自己的行为，克服性冲动带来的心理冲突，合理调节各种情绪和心态，不断完善自我、提升自我。

趣味活动

（1）由教师先播放 1 段有关大学生性健康教育的短片，然后展示几张有关大学生性观念的图片。

（2）学生自由畅谈，指出图片中有无不正确的性观念，并说明理由。

（3）由教师为每位学生发放 1 张卡片，学生将自己对性的认识写在卡片上，并将其挂在“健康大树”上。

（4）教师和学生一起对“健康大树”上的卡片进行分类，并总结大家对性的共同认识。

心灵驿站

革命伴侣　模范夫妻——周恩来与邓颖超

周恩来在教育晚辈正确对待恋爱和婚姻问题时说："你们的终身大事应该由你们自己选择，自己决定。人们为了反对包办婚姻，要求婚姻自由、恋爱自由，奋斗了几十年。现在，你们得到了这种权利，你们是幸福的。但也可以听听旁人的意见。"接着，他就讲了他同邓颖超定情的经过："当我决定献身革命的时候，我就考虑，作为一个革命者的终身伴侣，必须也能一辈子从事革命，应该选择一个能够经受得住革命的艰难险阻和惊涛骇浪的人作为伴侣，共同战斗。我是这样选择了你们的七妈（即邓颖超）的。接着，我就和她通起信来了。经过共同的斗争和长期的通信，我和你们七妈相互了解的基础是坚实的，共同的革命理想和不畏艰险的奋斗精神把我们紧紧地联结在了一起。"在一旁凝神谛听的邓颖超，这时两手一张，笑着插嘴说："怪不得那会儿突然连连接到你的信呢！"

严肃的教诲，幽默的插话，真是相映成趣，充分展现了他们之间的融洽与和谐。

邓颖超接着又补充了如下观点：婚姻、恋爱应该由自己决定，但是不要觉得一见倾心，就决定终身大事。一致的思想，共同的信仰，性情的融洽，个性的契合，都需要经过一定的时间去检验，待双方彼此全面了解后再确定关系，这样才能结成美满姻缘。

他们的谈话，表达了他们的恋爱观。假如爱情真像诗人赞誉的，是"一种相似的灵魂联盟"，那么，周恩来与邓颖超就是这样。他们一样有坚定不移的信仰，坚韧不拔的毅力，惊人的胆识与才干，高尚的品德与情操，豁达大度的襟怀和革命乐观主义的精神。正是这样一种高尚心灵的联盟，使他们的爱情在共同的革命斗争中放出异彩，被人们誉为模范夫妻。

（资料来源：人民网，有改动）

恋爱资格大拍卖

【活动目的】

明确校园恋爱应具备的条件或资格，从而做到理性恋爱。

【活动过程】

（1）全班学生围绕"恋爱资格"各抒己见，教师根据学生的意见总结大学生恋爱应

具备的条件或资格。

（2）教师将 10 种最具代表性的恋爱条件或资格公布出来。

（3）全班学生分成 8～10 人的小组，每组分配虚拟钱币 100 万元。

（4）宣布拍卖规则：每项恋爱资格的底价为 5 万元，每次加价不得少于 5 万元，如喊价 3 次无人继续竞标，则该资格由出价最高者获得。

（5）拍卖正式进行。

（6）检验拍卖最终结果。

【分享讨论】

围绕“哪个组付出的竞拍代价较高？”“哪项资格竞标最激烈？”等问题，请大家谈谈感想，说说为什么。

心理测试

测试一 你的恋爱观成熟吗？

本测试可以通过《学生恋爱观测试量表》来完成。

《学生恋爱观测试量表》由 14 个测试题构成。扫一扫下方二维码，进行测试吧！

测试二 爱情还是友谊？

本测试可以通过《爱情与喜欢量表》来完成。

《爱情与喜欢量表》由 26 个测试题构成。扫一扫下方二维码，进行测试吧！

测试三 你的爱情属于哪种类型？

本测试可以通过《爱情类型测试量表》来完成。

《爱情类型测试量表》由 42 个测试题构成。扫一扫下方二维码，进行测试吧！

学生恋爱观测试量表

爱情与喜欢量表

爱情类型测试量表

第八章 笑对风雨磨难 从容面对挑战

本章导读

我们每个人都希望生活中少一些挫折和失败，多一些顺利和成功。但任何人终其一生都不可避免地会遭遇挫折，或大或小，或令人自暴自弃，或使人愈挫愈勇。人生就像一次遥远的探险旅行，道路漫长而曲折。

大学生正处在人生的关键时期，会面对很多挫折，需要承担各种压力。对于大学生而言，挫折既是磨难又是财富，学会面对挫折是其人生的一门必修课。

学习目标

知识目标

◇ 理解压力的概念，了解压力源及常见的压力反应

◇ 理解挫折的概念，了解挫折要素及常见的挫折反应

◇ 了解大学生常见的压力与挫折

◇ 掌握压力管理与挫折应对的方法

能力目标

◇ 能够觉察自己面对压力与挫折的各种反应

◇ 学会科学管理压力，提高压力管理能力，增强自我疏导能力

素质目标

◇ 改变不合理的观念，学会正确面对挫折

◇ 在逆境中保持从容，善于把压力转化为动力

情境导入

人生不设限，努力更精彩

冀鲁豫是张家口学院外语学院英语专业的一名学生，出生时因缺氧导致腰部无力，无法正常走路。到了上学的年龄后，冀鲁豫慢慢尝试用手扶着墙练习走路，经过无数次的跌倒与爬起，她终于可以独自行走了。后来，她又用 4 年的时间学会了骑自行车。不服输的冀鲁豫坚信，正常人能做到的事情，她通过加倍努力也一定能做到。

2022 年北京冬残奥会期间，冀鲁豫成了北京冬残奥会志愿者中的一名。作为赛事服务志愿者，冀鲁豫主要负责检票验票，以及观众区和暖棚的秩序维护。她每天都早早地站在检票口等待着观众的到来，和安保人员合作，共同完成服务任务。尽管经过锻炼，她可以不借助工具出行，但长时间的站立、行走及负重对她而言仍然是不小的挑战。

为什么想来参加志愿服务？冀鲁豫的回答很简单："就是想为家乡奉献自己的青春力量！"她说，虽然自己肢体残疾，但这丝毫没有影响她对美好生活的热爱和向往，得知北京 2022 年冬奥会和冬残奥会招募志愿者的消息后欣然报名。

讨论

从冀鲁豫的故事中，你得到了什么启示？

第一节 压力与挫折概述

一、压力

压力是指人们在社会适应过程中，对各种刺激做出生理和行为反应时所产生的一种紧张的心理体验和感受。一般而言，低自尊的人容易产生压力，这主要源于两种消极的自我认识：一是低自尊的人在应激状态下比高自尊的人更容易产生恐惧感；二是低自尊的人总认为自己没有足够的能力应对危险情境。

（一）压力源

压力源可分为生物性压力源、社会性压力源和精神性压力源 3 种。

（1）生物性压力源是指直接阻碍和破坏个体生存的事件，包括躯体创伤和疾病、饥饿、噪声、气温变化等。

（2）社会性压力源是指直接阻碍和破坏个体社会需求的事件，包括纯社会性的，如重大社会变革，以及由自身状况造成的人际适应问题，如社会交往不良。

（3）精神性压力源是指直接阻碍和破坏个体正常精神需求的内在和外在事件，包括个体错误的认知结构、不良经验，以及因某些生活经历造成的不良心理特点（如多疑、嫉妒、悔恨、怨恨等）。

（二）压力的反应

1. 生理反应

面对压力时，个体会产生不同程度的生理反应，如心率加快、血压升高、呼吸急促、出汗、各种激素分泌增加等。这些生理反应能够调动个体的潜在能量，提高个体对外界刺激的感受和适应能力，从而使个体更有效地应对外界环境条件的变化。但是，过度的压力会使个体产生口干、腹泻、呕吐、头痛、口吃等不良反应。

2. 心理反应

面对压力时，个体可能产生的心理反应有警觉、注意力集中、思维敏捷、情绪的适度唤起等，这些适度的心理反应有助于个体应对压力。但若产生过度的心理反应，如过分烦躁、抑郁、焦虑、激动不安、愤怒、沮丧、消沉等，则会使个体自我评价降低、自信心减弱，从而在做事时变得消极被动或无所适从。

3. 行为反应

个体在压力状态下的行为反应分为直接行为反应与间接行为反应。直接行为反应是指面临刺激时为了消除刺激而做出的行为反应，如做出错误的判断；间接行为反应是指为了减少或暂时消除与压力体验有关的苦恼而做出的行为反应，如暴饮暴食、缺勤、旷课等。

二、挫折

俗话说，“人生逆境十之八九”。在一生当中，每个人都不可避免地会遇到各种各样的困难和挫折，也就是大家常说的逆境。

什么是挫折？

从心理学上讲，挫折是指一种情绪状态，是人们在某种动机的推动下，为实现某个目标而采取行动时，因遭到困难或障碍所产生的一种紧张、消极的情绪反应和体验。例如，一名准备充足的学生参加英语等级考试时，由于过度紧张没有做完题目，结果没考过，就会感到伤心、沮丧等。

（一）挫折要素

挫折包括挫折情境、挫折认知和挫折反应 3 个要素。

（1）挫折情境是指个体遇到的导致动机不能实现、需求不能得到满足的干扰情境，如高考落榜、竞选学生干部失败等。挫折情境既可以是真实的情境，也可以是想象的情境。

（2）挫折认知是指个体对挫折情境的认识和评价。由于人们的主观认识不同，这种认知和评价的过程存在着很大的个体差异。

（3）挫折反应是指个体在挫折认知的基础上，产生的情绪或行为反应，如愤怒、紧张、焦虑、退缩、逃避或攻击等。

这 3 个要素是紧密联系的。挫折情境引起挫折认知，进而产生挫折反应。其中，挫折认知起着十分重要的中介作用。一般情况下，挫折情境越严重，挫折反应就越强烈；反之，挫折情境越平淡，挫折反应就越轻微。但如果个体将严重的挫折情境评价为不严重，那么其挫折反应就会比较轻微；反之，如果个体将并不严重的挫折情境评价为严重，那么其挫折反应就会比较强烈。例如，两个人遇到同样的挫折情境——考试成绩不理想，一个人认为问题很严重，另一个人认为无所谓，则前者的情绪反应可能较强烈，后者的情绪反应可能较微弱。

（二）挫折反应

个体遭受挫折后，在情绪和行为上会产生一系列反应，以维持心理平衡。由于个体对挫折承受力的差异较大，所以个体遭受挫折后产生的挫折反应也较为多样。有的情绪波动不大，有的情绪异常激动；有的行为退化，有的行为过激；有的固执冷漠，有的自暴自弃；有的出现异常心理和行为，有的甚至产生心理疾病或轻生念头。总的来说，可以把个体遭遇挫折后的行为表现分为积极行为反应和消极行为反应两类。

1. 积极行为反应

个体遭受挫折后的积极行为反应是指不失常态地、有控制地摆脱挫折情境的理智行为。积极的行为反应能够有效缓冲心理挫折，使人表现出自信、进取的倾向。其主要形式有以下 4 种：

1）升华

所谓升华，是指个体以积极的心态看待挫折，将挫折转化为激励的力量的一种行为反应。人们常说的“屡战屡败，屡败屡战”“越挫越勇”，就是个体在面对挫折时产生的自我激励情绪。例如，不少大学生把对亲人的思念转化为发奋学习、强身健体的动力，既宣泄了情绪，又提升了自我。

2）补偿

所谓补偿，是指个体意识到自己在某方面有缺失或某一目标难以实现，而重新确立目标或把注意力转向其他方面，以其他方面的成功来代替原有目标的受挫，从而获得心理上的满足感的一种行为反应。例如，一名大学生遭遇失恋打击后，发愤学习，成绩遥遥领先，补偿了因失恋带来的自尊心和自信心的受挫。

3）幽默

所谓幽默，是指个体在遭受挫折后，以看似轻松、令人发笑的方式对遭受挫折以后的后果进行化解，消除自己的紧张心理或愤怒感，维护自己的心理平衡的一种行为反应。幽默反映了个体看待挫折成败的一种超然的心态和智慧，是心理素质较好的表现。

4）寻求改变

所谓寻求改变，是指个体在遭受挫折后，改变原有的行为方式，寻求其他可以发挥作用、实现目标的方法的一种行为反应。

2．消极行为反应

个体遭受挫折后的消极行为反应是指失常的、失控的、没有正确目标导向的行为，甚至是对自己、他人或社会造成一定程度危害的行为。其主要形式有以下 5 种：

1）攻击

攻击是常见的一种由不良情绪引发的行为反应。个体的动机和目标受到阻碍而不能实现时，常会产生愤怒、敌视的情绪或对构成挫折的人进行报复的心理，在行为上可能会出现过激的举动，多表现为攻击性行为。

攻击可分为直接攻击和转向攻击。直接攻击是指一个人遭受挫折后，把愤怒的情绪直接发泄到使之受挫的人或物上。转向攻击是指把愤怒的情绪发泄到其他不相干的人或物上。

2）逃避

逃避是指个体在遭受挫折时，不敢直接面对自己所预感的应激情境，而躲到自认为比较安全的环境中去的行为反应。逃避的类型主要有以下几种：

（1）通过沉迷于其他事物进行逃避。例如，有的大学生在学习中遇到困难，或者追求的目标、理想一时不能实现时，便心灰意冷，沉迷于游戏之中。

（2）通过幻想进行逃避，即企图以自己想象的虚幻情境来应对挫折，借以逃避现实。要知道，幻想只能使个体暂时逃离现实，以减轻个体受挫后的焦虑感和不安感，其本身并不能真正解决问题。若长期沉溺于幻想中，还会降低个体对现实生活的适应度。

（3）通过生理疾病进行逃避，如学生在考试当天发烧、拉肚子等。通常情况下，这种疾病的发生是无意识的，并非装病。

3）固执

个体在遭遇挫折后，面对已经变化的情形，依然采取刻板的方式，盲目重复某种无效行为，这种表现就是固执。例如，有些大学生总是犯同样的错误，对教师、同学的忠告置之不理，不愿做出改变。

固执通常表现为行为呆板，并具有某种强制性。从外部特征来看，固执与习惯有许多相同点，但在遭遇挫折后，二者的区别就会明显地表现出来。如果因习惯行为遭遇挫折，那么个体就会主动改变习惯行为；如果因固执行为遭遇挫折，那么个体不但不会改变固执行为，反而会更固执地坚持这种行为。

4）反向

反向是一种“矫枉过正”的行为反应。个体为了防止与现实条件不相符的欲望或自认为不好的动机外露，就会采取与动机方向相反的行为，以掩盖自己的本意，避免或减轻心理负担。例如，有的大学生内心自卑，觉得自己什么都不如别人，却总是用自高自大、冷漠无情的表现来掩盖自己的真实内心。个体如果长期存在反向行为，则会扭曲自我意识，使动机与行为脱节，进而造成心理失常。

5）退行

退行是指个体在遭遇挫折后，心理活动和反应退回到个体早期发展水平，以幼稚的、不成熟的方式应对当前情境的行为反应。例如，大学生的活动计划受到家长或教师的反对后，采取赌气、砸物、暴饮暴食，甚至离家出走等非理智、非成熟的方式去应对，这就属于退行。

三、大学生常见的压力与挫折

（一）学业压力与挫折

大学生的首要任务是学习，学业压力是其主要压力之一。一方面，他们要通过学校各门课程的期末考试，取得相应的学分；另一方面，为了提高自己的就业竞争力，他们还要不断参加社会实践活动、资格证书考试等。这些都可能会使大学生感受到强大的学业压力。

对于大学生来说，学习是未来立足社会、提高自身竞争力、谋求自身不断发展的前提和基础。每个大学生都希望自己能取得良好的学习成绩，但很多大学生因不适应新的学习环境、没有掌握适当的学习方法、学习压力过重等，导致学习兴趣降低、学习动机减弱，从而无法取得满意的成绩，进而产生挫折感。

（二）交往压力与挫折

有位心理学家曾经说过：“人类的心理适应最主要的就是对人际关系的适应。”对于很多大学新生而言，进入一个陌生的环境意味着需要重新建立人际关系。比起中学时期的人际关系，大学时期的人际关系更为复杂。而大学生中有相当一部分同学因缺乏人际交往和沟通的技巧，不知道如何与来自天南地北，具有不同家庭背景、不同文化素养及不同性格的同学交往和沟通，导致人际交往受挫，进而产生心理压力。

此外，还有一些大学生自身存在“自我中心主义”“完美主义”“理想化认知”等认知障碍。这类大学生在人际交往中不能客观地认识自我，理性地分析与自己有关的人和事，容易在人际交往中遭受挫折。

（三）情感压力与挫折

大学生的情感压力主要来自亲情。大多数父母会以高标准、高期望要求自己的子女，告诉他们应该做什么，却忽略了子女的真实想法和感受。而父母寄予的期望，使大学生承受着巨大的压力。

大学生的情感挫折主要来自爱情。大学生普遍对爱情充满憧憬和渴望，但由于他们的心理成熟往往滞后于生理成熟，因此，在对待和处理异性关系的问题上常常表现得不够成熟，极易遭受恋爱挫折。还有些大学生因缺乏生活经历或恋爱动机不端正，而陷入感情的漩涡，受到失恋、单相思等的困扰，并随之产生苦闷、惆怅、失望、悔恨、愤怒等情绪，进而产生挫折心理。

（四）健康压力与挫折

健康的身体是人生发展的基础。有的大学生会因体弱多病或身体上的缺陷而产生自卑心理，在人际交往中不自信，甚至自我封闭、拒绝与他人来往。这会给他们的学习和生活造成诸多困难，让他们感到巨大的压力，进而产生挫折心理。

（五）就业压力与挫折

随着高校毕业生日益增多，大学生的就业形势日趋严峻，就业竞争日渐加剧，相当多的大学生在就业过程中感受到压力或遭受挫折。例如，有的大学生不能正确认知自我，缺乏自信，害怕求职受挫，担心自己找不到合适的工作；有的大学生盲目自大，在对待就业问题上期望值偏高，结果“高不成，低不就”；有的大学生瞻前顾后，求稳求全，迟迟拿不定主意，结果错失工作机会；等等。

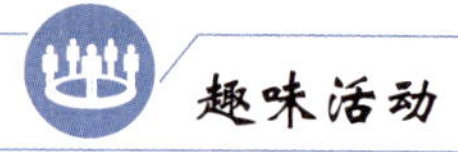

趣味活动

你曾经遇到过哪些压力与挫折？你是怎样处理的？请将你遇到的压力与挫折，以及你的处理方式填入表 8-1，然后和身边同学分享。看看在面对压力与挫折时，你们的做法有哪些地方是一样的，有哪些地方是不一样的。

表 8-1 应对压力与挫折记录表

事件	你的处理方式
事件一：	
事件二：	
事件三：	

第二节 压力管理与挫折应对

一、科学管理压力

（一）正确认识压力

心理学研究表明，压力本身并不会对个体造成伤害，伤害个体的是个体对压力的认知和态度。

常见的压力认知误区有以下 3 种：

（1）承受了过多不必要的压力。心理学家研究发现，造成压力的事件中，40%永远不会发生，如世界末日；30%是过去所做决定的结果，是无法改变的；12%是因自卑等不良情绪对自身做出的不合理批判；10%与健康有关，越是担心就越严重；只有 8%是合理的。

（2）认为那些没有产生明显负面影响的细小压力不会对自己造成伤害。事实上，如果长期处于持续性压力的笼罩下，即使这些压力比较细微，随着时间的推移，也会对个体造成一定的伤害。

（3）所有压力都必须消除掉。其实，压力是把双刃剑，有消极的一面，也有积极的一面。适度的压力可以让大学生对周围的环境更加警觉，帮助大学生加深对自我的认识，制定更现实的目标，增强自信心和成就感。

（二）消除有害压力源

压力源是引起压力的根本原因，消除对个体有害的压力源是从根本上控制压力的一个办法。生活中的很多压力可以通过个体的努力而消除。例如，如果噪声和温度超出或低于一个范围，就会使人心烦意乱，此时可以通过有效的科技手段使自身处于一个适宜的环境中，这样就可以免受压力的困扰。

通常，消除有害压力源可以分为发现压力源、区分压力源、决定策略和立即行动 4 个步骤。

1. 发现压力源

个体感受到压力时，首先要找出到底是什么原因让自己感受到压力，即找出压力源。

2. 区分压力源

找出压力源后，首先，需要分析这个压力源属于优先解决的压力源，还是属于非优先解决的压力源。所谓需要优先解决的压力源，是指该压力源已经严重影响个体健康，或者已经严重影响个体的职业发展，或者对个体的生活、学习产生了极大的干扰等。高优先级的压力源需要优先处理，低优先级的压力源可以随后处理。

其次，需要分析这个压力源的可改变性，即是否有可改变的因素。高优先级、有可改变因素的压力源应最先处理，接下来依次是低优先级、有可改变因素的压力源，高优先级、有不能改变因素的压力源，最后处理低优先级、有不能改变因素的压力源。

3. 决定策略

区分出压力源后，需要决定应对策略，即采用什么样的方式来处理不同的压力源，如改善人际沟通、加强时间管理、纠正错误行为、改变思维方式等。

4. 立即行动

有了应对策略后，应立即行动，尽快改变承受压力的现状。

（三）提高压力管理能力

压力管理能力是指个体在应激期间处理应激情境，保持心理平衡的能力。加强个体的任务管理能力、问题解决能力、有效沟通能力、构建和谐人际关系能力、保持灵活变通能力、正向思维能力等，都能促进个体压力管理能力的提高。

1. 任务管理能力

任务管理能力，即个体将需要完成的任务进行记录、分配并组织安排的能力。在生活中，繁杂的事务会耗费我们大量的时间和精力，使得我们没有充足的时间和精力去完成最重要的事情。这时，压力便随之而来。

利用时间管理工具可以有效提高个体的任务管理能力。时间管理四象限法则是由美国管理学家科维提出的一个时间管理理论。其根据重要和紧急的不同程度，对任务进行了四象限划分，如表 8-2 所示。

表 8-2　时间管理四象限表

程度	重要	非重要
紧急	内容：非常紧迫的问题，如考试临近、重要事务通知、危机事件处理等； 处理方法：立即去做； 原则：越少越好	内容：临时任务，如临时电话、临时活动等； 处理方法：求助他人； 原则：适当拒绝
非紧急	内容：学习和生活规划，如制订个人学习计划、健身计划，以及建立人际关系等； 处理方法：按计划进行； 原则：集中精力处理	内容：娱乐休闲，如上网、闲谈、看电视剧等； 处理方法：合理安排； 原则：劳逸结合

进行时间管理的目的不是要把所有任务完成，而是要更有效地利用时间，把任务按轻、重、缓、急的特点分类后采取不同的处理方法，以提高效率，这样就可以为自己赢得宝贵的时间，从而有效缓解压力。

2. 问题解决能力

问题解决能力，即个体面临压力时，处理和解决问题的意愿和能力。立即行动、界定问题、针对事件、明确结果、坚定信心这一流程能有效解决问题，缓解压力。

（1）立即行动是指发现问题时要立刻着手处理，特别是高优先级的压力问题。如果不进行处理，那么问题不但不会消失，还有可能会变得更严重。

（2）界定问题是指知道某事件的结果后，推断并查明造成这种结果的原因是什么，并找到解决问题的突破口。

（3）针对事件是指在处理问题的过程中，可能会牵涉相关人员，要做到对事不对人，以免因小失大，影响进展。

（4）明确结果是为了让行动导向更加明确，指导行动按照正确方向坚定不移地推进。

（5）坚定信心是指遇到困难时，坚信一定能找到解决办法，而不是认定这件事太难，没有办法解决。

3. 有效沟通能力

有效沟通能力，即个体在压力状态下，愿意与他人交换意见，分享自己的感受，并寻求理解和支持的意愿和能力。个体积极主动地与人沟通，并懂得用语言把自己的情绪表达出来，可以有效减少压力的产生。

对于远离家人的大学生来说，身边的教师、同学成了日常生活中经常接触、也最值得信任的“亲人”。遇到不如意、不称心的事时，不妨说出来，与他们积极沟通，听取他们的建议。这不仅是一种合理宣泄，更是一种积极寻找解决方法的有效途径。

4．构建和谐人际关系的能力

构建和谐人际关系的能力，即个体在生活的各个方面建立亲密关系和相互支持关系的愿望和能力。良好的人际关系既是个体心理健康的重要保障，也是个体提高压力管理能力的关键支撑。

个体能用行动证明自己重视和珍惜与家人、朋友之间的关系，善于和他人分享自己的感受，便可以拉近与他人的距离，增进彼此的情感。个体要学会平衡学习、生活和工作，不管有多忙，都尽可能抽出一些时间陪伴家人和朋友，这样在面对压力时才能得到有力的亲情、友情支持。

5．灵活变通能力

灵活变通能力，即个体面对不同压力时，能够具体问题具体分析，灵活处理，并且在前景不明朗的情况下维持镇定的能力。遇到事情时，如果秉持“山不转水转，水不转路转，路不转人转”的想法，灵活变通，就一定能够想到办法。此外，我们要对新鲜事物保持开放的态度，学会从不同的角度看问题。

6．正向思维能力

正向思维是从因到果的思维，正向思维能力就是从已知预测未知的一种能力。正向思维能力要求个体在面对压力时，不要一味地担心那些有可能不会发生的事情，而是去思考哪些行为能让我们更接近目标，哪些行为会让我们远离目标。

需要注意的是，必须去除一些非理性的想法，如“我要得到所有人的认可和喜爱”“我必须是一个全能的人”“这个世界必须是公正的”“我周围的每个人都必须像我一样优秀，否则不能和我为伍”等，否则会让我们陷于困惑之中。

二、应对挫折

要想应对挫折，就要有良好的挫折承受力。挫折承受力是指个体遭遇挫折后，适应挫折、抵抗挫折和应对挫折的能力，是维护个体心理健康的一道防线。挫折承受力较弱的人，面对挫折时容易产生不良情绪，几经打击之后，甚至可能会行为失常，产生心理疾病；而挫折承受力较强的人，挫折反应小，持续时间短，面对重大挫折时仍可保持正常的行为能力，采取理智的态度和正确的方法应对。

（一）正确认识挫折，改变不合理观念

挫折具有普遍性，是人生的一个组成部分，是客观存在的。同时，挫折具有两面性，既有消极的一面，也有积极的一面。每个人都会经历挫折，面对挫折，采取积极进取的态度，变阻力为动力，那么挫折很可能成为一种难得的机遇。通过总结经验教训，寻找自身的不足，可以更好地促进个人的发展，使自己的意志变得坚强，并加速走向成熟。

此外，一些不合理的观念也会导致个体出现强烈的挫折感，如认为挫折不应该发生在自己身上、以偏概全地看待自己和他人、无限夸大挫折的后果等。只有改变这些不合理的观念，才能客观地评价挫折带来的后果，从挫折中获得成长。

（二）对挫折进行正确归因

个体遭遇挫折后，要冷静、客观地分析自己的目标、方法、动力和阻力，对挫折做出符合实际的正确归因。对挫折进行正确归因可以帮助个体了解自己究竟是在什么地方失败了，哪些方面是可以改变的，哪些方面是无法改变的，哪些方面是需要自己接受和面对的，从而有效地战胜挫折。

有一些造成挫折的因素是可以通过努力改变的，如提高自身认知水平，避免因主观认知错误放大暂时的困难和逆境。大学生可以通过调整自身观念，对自己有更准确客观的认识，据此调整自己的目标，并分阶段、分步骤地采取合理有效的行动达成目标，从而增强自信，取得成功。

还有一些造成挫折的因素是无法改变的，如身高、家庭条件、社会现象等。面对这些无法改变的挫折因素，要学会接受，从其他方面提升自己的能力，进而创造属于自己的成功。

（三）适时宣泄不良情绪

宣泄是指利用语言或行为，在较短的时间内将可能危害健康的、过度的情绪发泄出来，使自己的精神得到有益的调整，以达到防病、健身的目的。挫折会给个体带来较大的身心压力，通过宣泄进行释放是一种有效的手段。

宣泄包括语言宣泄和行为宣泄，其中，语言宣泄包括找人倾诉、唱歌、呼喊等，行为宣泄包括跑步、快走、书写、哭泣等。不管是什么样的宣泄方式，都要注意合理应用，不能对自己和他人造成伤害。

（四）主动寻求帮助

良好的人际关系可以满足个体的归属需要、情感需要、社会认可需要等。因此，个体在遭受挫折后，可以积极主动地寻求他人的支持和帮助，从外界获得信息、方法和策略。

个体在遭受挫折后，如果无法走出挫折带来的阴影，也不能从家人和朋友的支持和帮助中获得战胜挫折的力量，可以尝试进行心理咨询，在专业人员的指导下进行心理调适。

案例分析

生命的精彩之处就在于它的未知性。命运常常会让我们经历许多风风雨雨，既然无可避免地被淋湿，还不如坦然地领略雨天的另一番美景。

小哲生来就没有四肢，只在左侧臀部下长了一个带着两个脚趾头的小“脚”，被他的妹妹戏称为“小鸡腿”。他的母亲无法接受这一残酷的事实，直到小哲 4 个月时才敢抱他。但是，小哲的父母并没有因此放弃对儿子的培养，而是希望他能像普通人一样生活和学习。他的父亲在他 18 个月时就把他放到水里，让他学习游泳；在他 6 岁时，教他用两个脚指头打字。在学校，没有父母陪在身边，小哲难免会遇到很多自己无法解决的困难，这让他十分苦恼。他回忆说：“那时候，我非常消沉。我常冲着妈妈发脾气，和她说生活太苦了。”但是，父母一直鼓励小哲，告诉他，活下来，人生才有无限的希望。

经过长期训练，残缺的“左脚”成了小哲的好帮手，它不仅可以帮助他保持身体平衡，还可以帮助他踢球、打字。游泳并不是小哲唯一擅长的体育运动，他对滑板、足球也很在行，甚至还能打高尔夫球。

13 岁时，小哲偶然在报纸上看到一篇文章，文章介绍了一名残障人士自强不息，通过努力取得成功的故事。他深受启发，决定把帮助他人作为人生目标，积极参与各类志愿活动。

【分析与点评】

在挫折面前，有人被苦难所折服，最后自暴自弃，一蹶不振；也有人越挫越勇，成就了美好的人生。面对压力和挫折，如果能有积极、乐观的心态，心怀希望而不是绝望，那压力和挫折就能帮助我们成就更好的自己。

心灵驿站

从挫折中汲取前行的力量

2021 年 7 月 25 日晚，在东京奥运会男子举重 67 公斤级比赛中，中国选手谌利军以抓举 145 公斤、挺举 187 公斤、总成绩 332 公斤夺冠，打破挺举和总成绩奥运纪录的同时，也为中国体育代表团摘得此届奥运会的第六金。这是一个属于谌利军的冠军之夜，然而他一路走来并非都是坦途。

2013 年，谌利军先后获得中华人民共和国第十二届运动会举重项目和世界举重锦标赛男子 62 公斤级冠军。2015 年，谌利军获得世界举重锦标赛男子 62 公斤级冠军并打破挺举和总成绩两项世界纪录，一时风光无限。

2016年，谌利军代表中国举重队出战里约奥运会。在很多人看来，谌利军对这块金牌志在必得。然而，里约奥运会开幕后的第二个比赛日，在赛前热身环节，谌利军双腿抽筋，双腿“硬得像石头”。经过简单按摩治疗，谌利军上场尝试抓举143公斤。在连续两把抓举失败后，谌利军退出了男子举重62公斤级金牌争夺战。“一抓杠铃，我的腿就又硬起来，真是没办法。”谌利军赛后无奈说道。这是一个出乎意料的结果。

从里约赛场遗憾告退后，谌利军度过了一段艰难的日子。教练告诉他，在哪儿跌倒就在哪儿爬起来。但是相比单纯地夺金，把本该属于自己的荣耀夺回来显然更难。

在一次次的训练和比赛中，谌利军逐渐重建信心。从世界大学生举重锦标赛的重新回归，到2017年全国男子举重锦标赛的夺冠，再到全运会的夺冠，谌利军慢慢找回了决战奥运的信心。“东京奥运夺冠才算扬眉吐气。”

经历了四年漫长艰苦的准备，2020年东京奥运会却没有如期而至。由于疫情，奥运会推迟一年。2020年10月，谌利军在全国男子举重锦标赛中肘部肌腱撕裂了。“那是一次很大的打击，我从来没想到会在职业生涯中做手术。”谌利军说。但是，他没有因此一蹶不振，而是积极面对，以破釜沉舟的心态继续准备比赛。在他的努力下，他终于顺利地拿到了东京奥运会的参赛资格。

然而，在东京奥运会的赛场上，意外又出现了。谌利军抓举第二把、第三把连续试举失败，这让人不由地想起5年前的场景。此时，谌利军落后对手11公斤，这意味着谌利军必须要在最后两次试举中举起187公斤才能实现逆转，这要比前一次试举足足高了12公斤。

谌利军仿佛站在悬崖边上，“只有一口气拼了”才能获救。他调整好心态，快速走上台、抓起杠铃、奋力一抬，稳稳地将187公斤举起。这是2019年世锦赛后，谌利军从未在比赛中举起的重量。

谌利军从挫折中汲取了前行的力量，他的圆梦故事终于画上了圆满的句号。

（资料来源：人民网，有改动）

心理训练

十八只狐狸吃葡萄的故事——挫折应对方式

【活动目的】

（1）学习应对挫折的常用方式。

（2）通过分享自己的挫折应对方法，了解自己在应对挫折时的优缺点，提高自己的挫折承受力。

【活动过程】

（1）现场选出一名主持人和 18 名表演者，并给予其相应剧本。

（2）对非表演者分组并预先提问：① 有多少只狐狸死了？② 有多少只狐狸的身体或心灵受了伤？③ 有多少只狐狸虽然没吃到葡萄但心情是愉悦的？④ 有多少只狐狸吃到了葡萄？⑤ 是什么原因造成了狐狸们的不同结局？

（3）表演者逐一进行表演。

（4）小组分享心得体会。

【分享讨论】

围绕“挫折”一词，请大家谈谈自己的感想。

【剧本】

在一位农夫的果园里，紫红色的葡萄挂满了枝头，令人垂涎欲滴。当然，这种美味也逃不过在附近安营扎寨的狐狸们的眼睛，它们纷纷来到葡萄架下。

第一只狐狸发现葡萄架要远远高于自己的身高。它站在下面望着诱人的葡萄，不愿就此放弃。它左右张望，发现了葡萄架旁边的梯子，回想农夫曾经用它摘过葡萄。于是，它学着农夫的样子爬上梯子，顺利地吃到了葡萄。

（画外音：这只狐狸采用的方法是直接解决问题。它遇到问题时勇敢面对，没有逃避，最后利用自己的聪明才智解决了问题。）

第二只狐狸发现以它的个头这辈子都无法吃到葡萄。因此，它心里想，这个葡萄肯定是酸的，吃了也会很难受，还不如不吃。于是它愉快地离开了。

（画外音：这只狐狸采用的方法是心理学中经常提到的“酸葡萄效应”，即以能够满足个人需要的理由来解释不能实现自我目标的现象。）

第三只狐狸看到高高的葡萄架并没有气馁，它想：我可以向上跳，只要我努力，我就一定能够得到。可是事与愿违，它跳得越来越低，最后累死在葡萄架下，献身做了肥料。

（画外音：这只狐狸的行为在心理学上称为“固执”。这只狐狸的悲惨结局说明，解决问题要结合自身的能力、当时的环境等多种因素。）

第四只狐狸看到葡萄架比自己高，知道吃葡萄的愿望落空了，便破口大骂，撕咬自己能够得到的藤，正巧被农夫发现，农夫用铁锹把它拍死了。

（画外音：这只狐狸的行为在心理学上称为“攻击”，这是一种不可取的应对方式，于人于己都是有害无利的。）

第五只狐狸看到自己在葡萄架下显得如此渺小，便伤心地哭起来了。心想：为什么葡萄架如此高？为什么自己如此矮小？如果像大象那样，是不是想吃什么就能吃什么？

（画外音：这只狐狸的行为在心理学上称为“倒退”，即个体在遇到挫折时，从人格发展的较高阶段倒退到人格发展的较低阶段。）

第六只狐狸仰望着葡萄架，心想，既然我吃不到葡萄，别的狐狸肯定也吃不到，既然大家都一样，那我也没什么好遗憾的了。

（画外音：这只狐狸的行为在心理学上称为“投射”，即把自己的愿望和动机归于他人，断言他人也有此愿望和动机，且这些愿望和动机往往都是超越自己能力范围的。）

第七只狐狸站在高高的葡萄架下，心情非常不好。它想：为什么我吃不到呢？我的命运怎么这么悲惨，想吃葡萄的愿望都满足不了……它越想越郁闷，最后郁郁而终。

（画外音：这只狐狸的行为是“抑郁症”的表现，即以持久的心境低落状态为特征的神经性障碍。）

第八只狐狸尝试着跳起来去够葡萄，没有成功。它又尝试了一些其他的办法，也失败了。它试图让自己不再去想葡萄，却抵抗不了葡萄的诱惑。当它听说有别的狐狸吃到了葡萄后，心里十分不平衡，最后一头撞死在葡萄架下。

（画外音：这只狐狸的下场是由心理不平衡造成的。在现实生活中，我们经常会遇到类似的“不患无，患不均”的现象。很多人在与别人比较的时候，因为心理不平衡而选择了不恰当的应对方式，最终伤及自身。）

第九只狐狸同样够不到葡萄。它心想，听别的狐狸说，柠檬的味道似乎和葡萄差不多，既然我吃不到葡萄，为何不尝一尝柠檬呢？因此，它心满意足地离开去寻找柠檬了。

（画外音：这只狐狸的行为在心理学上称为“替代”，即以一种自己可以达到的方式来代替不能满足的愿望。）

第十只狐狸看到了自己的能力与高高的葡萄架之间的差距，认识到以现在的水平和能力想吃到葡萄是不可能的。因此，它决定先给自己“充电”。它报了一个进修班，学习采摘葡萄的技术，最后如愿以偿地吃到了葡萄。

（画外音：这只狐狸采用的方法是问题指向应对策略，它能够正确分析自己与问题之间的关系和性质，找到最佳的解决方案，是一种比较好的应对方式。）

第十一只狐狸把几个同伴骗来，趁它们不注意，用铁锹将它们拍晕。然后它将同伴摞起来，踩着同伴的身体，如愿以偿地吃到了葡萄。

（画外音：这只狐狸虽然最后解决了问题，但它是在损害他人利益的基础上去解决问题的，这种应对方式是不可取的。）

第十二只狐狸是一只漂亮的狐狸小姐，它想：我一个弱女子无论如何也够不到葡萄，何不利用别人的力量呢？因此，它找了一个男朋友，这只狐狸先生借助梯子给狐狸小姐送上了最好的礼物——葡萄。

（画外音：这只狐狸的行为在心理学上称为“补偿原则”，即利用自己某方面的优势或是别人的优势来弥补自己的不足。）

第十三只狐狸对葡萄架的高度非常不满，于是它就怪罪起葡萄藤来。说葡萄藤太好高骛远，爬那么高，又说葡萄的“内心”其实并没有表面看上去那么漂亮。发泄完后，它平静地离开了。

（画外音：这只狐狸的行为在心理学上称为“抵消作用”，即以开展某种象征性的活动来抵消、掩盖内心的真实感情。）

第十四只狐狸发现自己无法吃到葡萄，它轻蔑地看着地上已经腐烂的葡萄和其他狐狸吃剩下的葡萄皮，作呕吐状，并说：“真让人恶心，谁愿意吃这些东西啊！”

（画外音：这只狐狸的行为在心理学上称为“反向作用”，即行为与动机完全相反的一种心理防御机制。）

第十五只狐狸发出了感叹：美好的事物有时候总是离我们那么远，有这样一段距离，让自己留下一点幻想又有什么不好的呢？于是它诗兴大发，一本诗集就此诞生了！

（画外音：这只狐狸的行为在心理学上称为“置换作用”，即用一种精神宣泄去代替另一种精神宣泄。）

第十六只狐狸发现想吃葡萄的愿望不能实现后，不久便出现了胃痛、消化不良的情况。这只狐狸一直不明白一向非常注重饮食的自己怎么会在消化系统上出现问题。

（画外音：这只狐狸出现的情况在心理学上称为“转化”，即个体将心理上的痛苦转换成身体上的疾病。）

第十七只狐狸知道自己吃不到葡萄后嘴一撇，说：“这有什么了不起的，我们狐狸中已经有人吃过了，谁说只有猴子能吃到果子，狐狸一样行！”

（画外音：只狐狸的行为是一种情绪取向的应对方式，在心理学上称为“傍同作用”，即当自我价值低于他人价值时，寻找与自己有关系的人来实现自我价值。）

第十八只狐狸心想：我自己吃不到葡萄，别的狐狸也吃不到，为什么我们不学习猴子捞月的合作精神呢？于是它动员所有想吃葡萄的狐狸搭成狐狸梯，这样大家都吃到了甜甜的葡萄。

（画外音：这只狐狸采用的方法是问题取向应对方式，它懂得合作的道理，最终的结果既利于自己，又利于大家。）

心理测试

测试一 你的抗挫折能力如何？

这个测试可以通过《抗挫折能力测试量表》来完成。

《抗挫折能力测试量表》由 38 个测试题目构成。扫一扫下方二维码，进行测试吧！

测试二 你会如何应对挫折？

这个测试可以通过《应对挫折方式测试量表》来完成。

《应对挫折方式测试量表》由 62 个测试题目构成。扫一扫下方二维码，进行测试吧！

抗挫折能力测试量表

应对挫折方式测试量表

第九章

瞄准职业方向　选择人生之路

本章导读

求职择业是大学生步入社会的重要环节，也是对大学生综合素质，尤其是心理素质的考验。大学生有必要结合现实环境和自身情况，在大学期间进行职业生涯规划，对自己的职业生涯有一个清晰的定位，为将来求职择业做好准备，更为未来迈向成功奠定基础。在进行职业生涯规划的过程中，大学生不仅要为学习和其他活动设定可行的目标，而且要做好求职择业的心理准备，并掌握调适自我心理的方法。

学习目标

知识目标

◇ 理解求职择业的含义

◇ 了解个性心理对求职择业的影响

◇ 熟悉大学生求职择业的心理误区与心理矛盾，并了解相关原因

能力目标

◇ 掌握大学生求职择业心理的调适方法与途径

◇ 能够对自己各方面进行综合分析与权衡，确定最佳的职业奋斗目标

素质目标

◇ 关注时代发展的特点，增强自身的主观能动性

◇ 树立正确的择业观，养成良好的就业心态

情境导入

何某的择业之路

在沈阳市某大型招聘会上，毕业于某名牌高校的何某向浙江一家汽车公司申请机械工程师的职位。他毕业于机械专业，大学期间的各科成绩都很优秀，在毕业后五六年的时间里从事过医药、空调、摩托车等产品的销售工作，这些工作都和机械专业不相关。招聘者了解了何某的情况后表示，如果他毕业后从事过机械方面的工作，才是公司所需要的人才。由于何某没有机械方面的工作经验，所以该汽车公司无法录用他。

何某的例子反映了大学生盲目就业所带来的不利后果。由于没有长远的打算，很多刚毕业的大学生在求职时随波逐流，频繁换工作，没有明确的职业定位。在这种情况下，继续随波逐流就没有出路，重新进行职业定位又需要花费很大的力气，所以当事人会陷入一种尴尬的境地。

讨论

你的职业理想是什么？你有明确的职业生涯规划吗？你从何某的故事中得到了什么启示？

第一节 大学生职业生涯规划

一、职业生涯规划概述

（一）职业和职业生涯

从汉语词义的角度来看，“职业”一词由“职”和“业”构成，“职”是指职位、职责，“业”是指行业、事业。所谓职业，是指人们为获取主要生活来源和满足社会需求而从事的相对稳定且有一定社会职能和经济收入的专门类别的社会劳动。它既是一个人谋生的手段，也是一个人实现自我价值的必要条件，还是一个人生活方式、经济状况、文化水平、行为模式及社会身份的综合反映。

职业生涯是指一个人的职业发展历程。它是一个人一生中职业、职位的变迁及工作、理想的实现过程。

拓展阅读

与职业相关的概念

图 9-1 直观地展示了一支足球队中"职业""工作""职位""职责""技能"这些概念的区别与联系。通过该图，人们可以直观地理解上述概念。

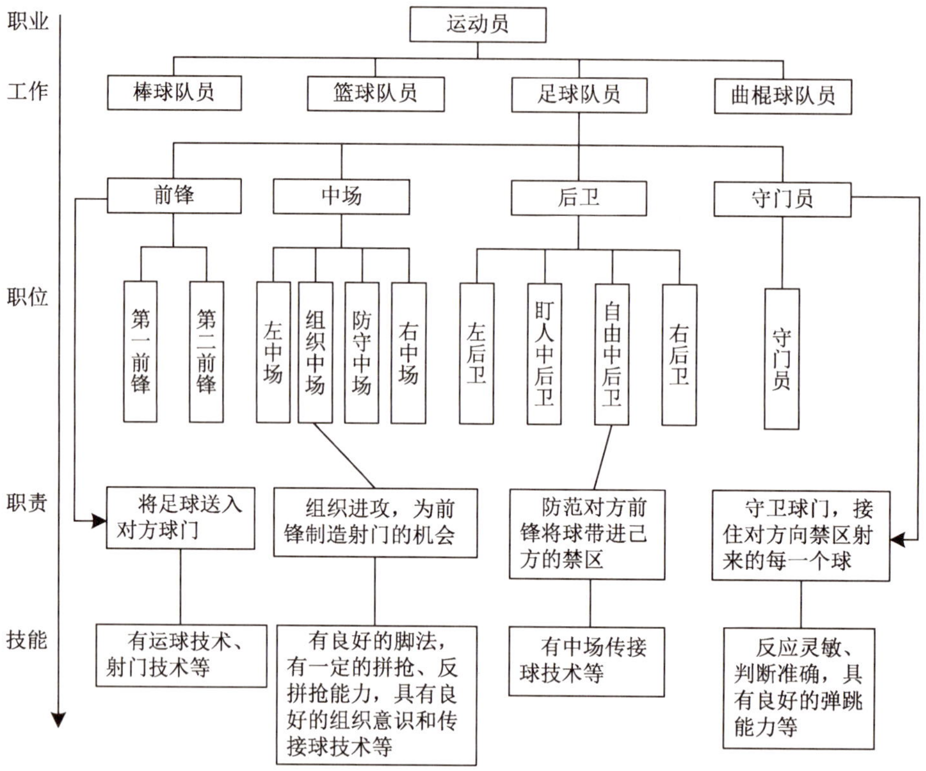

职业：运动员

工作：棒球队员；篮球队员；足球队员；曲棍球队员

足球队员：前锋；中场；后卫；守门员

职位：
- 前锋：第一前锋；第二前锋
- 中场：左中场；组织中场；防守中场；右中场
- 后卫：左后卫；盯人中后卫；自由中后卫；右后卫
- 守门员：守门员

职责：
- 前锋：将足球送入对方球门
- 组织中场：组织进攻，为前锋制造射门的机会
- 自由中后卫：防范对方前锋将球带进己方的禁区
- 守门员：守卫球门，接住对方向禁区射来的每一个球

技能：
- 有运球技术、射门技术等
- 有良好的脚法，有一定的拼抢、反拼抢能力，具有良好的组织意识和传接球技术等
- 有中场传接球技术等
- 反应灵敏、判断准确，具有良好的弹跳能力等

图 9-1　与职业相关的概念

（二）职业生涯规划的概念

职业生涯规划是指在分析、测定职业生涯主客观条件的基础上，对自己的兴趣、爱好、能力、价值观、职业素质等进行综合分析与权衡，进而确定最佳的职业奋斗目标，并为实现这一目标做出有效安排的过程。简单地说，职业生涯规划就是对整个职业经历的规划。良好的职业生涯规划具备以下特征：

（1）可行性，即规划内容应合理，且能够实施，避免不切实际。

（2）适时性，即规划内容包含明确的奋斗目标和具体措施，且各目标的完成和各措施的实施都有明确的时间安排。

（3）适应性，即规划内容应当具有一定的弹性，以便适应主客观条件的变化。

（4）持续性，即规划中的每个发展阶段应能连贯衔接。

（三）职业生涯规划的类型

按照规划的时间维度，职业生涯规划可分为短期规划、中期规划、长期规划和人生规划 4 种类型。

（1）短期规划，即两年以内的规划，主要用于确定近期目标。

（2）中期规划，即 2～5 年的规划，主要用于确定中期职业目标和任务，是最常用的一种职业生涯规划。

（3）长期规划，即 5～10 年的规划，主要用于设定长期职业目标，以及为实现此目标所应采取的具体措施。

（4）人生规划，即整个职业生涯的规划，时间跨度长达 40 年左右，主要用于设定整个人生的发展目标。

在实际操作中，由于环境和个人情况的变化通常难以把握，所以时间跨度太大的规划对现实活动的指导意义往往很有限。反之，时间跨度太小的规划又容易受规划执行情况的影响。因此，人们一般把职业生涯规划的重点放在时间跨度为 2～5 年的中期规划上，这样既便于根据实际情况设定可行目标，又便于根据实际反馈及时修正或调整职业生涯规划。

（四）职业生涯规划的原则

大学生在进行职业生涯规划时应择己所爱，择己所长，择世所需，择己所利。具体来说，应遵守以下 5 个原则：

1．社会需求原则

职业发展是一种社会活动，必定会受到社会的制约。职业选择如果脱离了社会需求，就很难被社会接纳。因此，大学生在进行职业生涯规划时应把握社会对人才的需求状况，以社会需求作为出发点和归宿点，以使职业生涯规划具有现实性和可行性。此外，个体的职业发展与社会发展有着密切的关系，所以大学生应利用社会所提供的适宜条件来发展自己的职业，同时，在职业发展中履行自己的社会义务，为社会做出相应的贡献。

也就是说，大学生的职业选择必须满足社会的需求，职业发展必须顺应社会的发展。只有这样，大学生才能充分发挥自身才能，并满足社会发展的需求。

2．利益结合原则

利益结合原则是指大学生在进行职业生涯规划时应处理好个人与企业、个人与社会之间的利益关系，将个人发展与企业发展、社会发展结合起来。

个人的职业发展离不开企业或其他社会组织，个人才干的发挥也必须在一定的社会环境和企业环境中进行。因此，大学生在进行职业生涯规划时应处理好个人与企业、社会之间的利益关系，即在认清社会现实和接受行业现状的基础上，把自己的价值观念、知识技能和努力方向与企业和社会的需要与发展紧密联系起来。

3. 提升能力原则

大学生在进行职业生涯规划时，应将提升能力的思想贯穿到职业生涯规划的全过程中去。具体而言，应在职业生涯规划中体现以下内容：注重培养创新意识；树立终身学习的思想观念，不断更新知识结构，有针对性地“充电”，使自己具有广博的知识和开阔的视野，以适应瞬息万变的社会形势，跟上时代发展的潮流；注重个性发展，用已有知识探索未知世界，解决新问题，创造新机会，努力成为社会的强者。

此外，在进行职业生涯规划的过程中，大学生还应认识到个人智慧的局限性及团结协作的重要性，有意识地规划对团队精神和良好沟通能力的培养，以逐步提高与他人合作的能力。唯有如此，大学生才能在职业生涯发展中不断提升自己的综合能力，更好地应对各种挑战。

4. 时间梯度原则

人的一生具有多个发展阶段和多个职业生涯周期，职业生涯规划可被分解为若干个阶段，每个阶段都必须有明确的实施时间段，而且每一个时间段的“起点”和“终点”必须明确，即“开始执行”和“完成目标”两个时间坐标明确且具体。这有利于职业生涯规划者按时落实规划任务。如果没有明确的阶段划分和具体的实施时间，那么职业生涯规划就会落入空谈。

5. 综合评价原则

综合评价原则是指个体应对自己的职业生涯规划进行全过程和全方位的综合评价。由于一个人的职业发展是分阶段的，发展目标也是分阶段实现的，因此大学生在进行职业生涯规划时应注意对阶段目标的完成情况进行评价，并适时反馈和调整，以使职业生涯朝着正确的方向发展。大学生恰当、客观地对自己的职业生涯规划进行综合评价，有利于自己的职业发展。

（五）职业生涯规划的意义

1. 有利于科学选择未来职业

职业生涯规划可以帮助大学生认清自己的优势和劣势，使大学生客观地认识自己，并明确自己的职业发展方向，从而选择适合自身特点、符合自己职业期望、与自身素质相匹配的职业。

2. 有利于增强社会竞争能力

在当今社会，竞争日益激烈，个体要想获得竞争优势，就必须提高自身实力并找到一个能够展示自己实力的职业平台。职业生涯规划可以促使大学生运用科学的方法和可行的措施，有针对性地学习相关知识，参加相关的培训和实践活动，进而挖掘自身潜能，完善自身不足，不断增强自身的职业竞争能力，从而实现自己的职业目标和理想。

3. 有利于提高就业的成功率

职业生涯规划缺失会导致大学生缺乏自我认知，且无法确立明确的职业目标，进而降低大学生就业成功率。科学的职业生涯规划可以使大学生全面地认识自我，明确职业目标，进而在求职择业过程中有的放矢，选择适合自己的职位，提高就业成功率。

4. 有利于增强职业发展后劲

由于缺乏职业生涯规划意识，不少人长期以来都没有职业定位，在职业发展过程中随波逐流。这种情况会对个体产生以下不利影响：一方面，难以在一个合适的领域内积累必要的工作经验，因而无法为今后的职业发展奠定坚实的基础；另一方面，职业发展的稳定性受到影响。而无论是一个不具备应有职业技能和经验的求职者，还是频繁跳槽的求职者，都难以得到用人单位的青睐。

相反，经过系统的职业生涯规划培训的个体一般都有明确的职业定位，他们在求职择业时一般都能够确定与自身素质相匹配的职业目标，并能根据自己的职业目标和职业发展路线来推动自己的职业发展。也就是说，职业生涯规划能够有效地降低由人职不匹配导致的离职率，并增强个体的职业发展后劲，使其在职业发展道路上走得更快、更远。

二、职业生涯规划的步骤

（一）正确评估自己

正确评估自己就是对自己进行全面分析，客观地认识自己的个性特征、兴趣、特长、专业能力、综合能力、潜在能力、智商、情商、思维方式、优势和劣势等。只有客观地认识自己，才能选定适合自己的职业和职业生涯路线。

评估自己的过程就是“知己”的过程。弄清楚“我是谁”是进行职业生涯规划的基础和关键。大学生在进行自我评估时，应尽量客观、准确，切勿评估过高或过低。正确的做法如下：在进行自我评估时，既要看到自己的优势，又要看到自己的劣势；既要对某一方面的素质进行具体评估，又要对其他各方面的素质进行综合评估。任何一种片面的、不分主次的自我评估，都不能客观而准确地反映自己的情况。自我评估过高会导致个体意识不到自己的不足，由自信走向自负，甚至

怎样进行职业生涯规划

狂妄自大；自我评估过低易使个体忽视自己的长处，丧失自信或过于自卑。

此外，大学生在进行自我评估时，应以发展、变化的眼光看待自己，不仅应对自己现阶段的情况做出全面、客观地评估，而且应当着眼于未来的发展变化，有预见性地评估自己的发展潜力。

趣味活动

在进行职业生涯规划过程中，大学生在了解自己的已有资源后，应对自己的职业进行定位。在确定职业定位时应着重考虑以下几个问题，请认真思考并做出回答。

（1）你想从工作中得到什么？

____

____

（2）你有何特长？如果没有特长，那么接下来打算学习一种什么技能？

____

____

（3）你梦寐以求的职业是什么？你愿意在哪些事情上一展才华并付出全部的精力？

____

____

（4）什么样的环境让你感到如鱼得水？

____

____

（5）纵观人生，你认为自己正处于哪个阶段？在这个阶段有哪些重要的事情要做？

____

____

通过以上问题，你是否确定了自己的职业定位？

（二）评估生涯机会

评估生涯机会主要是指分析社会环境、学校环境、家庭环境、职业环境等，寻找合适的职业发展机会。其中，社会环境包括就业政策、就业形势、社会经济环境等；学校环境包括办学特色、校风校纪、教师的治学态度、学生的总体素质、社会实践活动的开展情况等；家庭环境包括家庭经济状况、家人期望、家族文化和家人性格等；职业环境包括职业的社会地位、职业发展方向及从业要求等。

每个人的职业生涯目标和职业发展都必须符合社会大环境的要求。大学生在进行职业生涯规划时必须全面、客观地分析各种环境，认清环境给自己带来的有利条件与不利条件，以便在复杂的环境中避害趋利，寻找合适的职业发展机会。

SWOT 决策分析法

SWOT 决策分析法是职业生涯决策过程中的一个有力工具。在进行职业生涯规划时，大学生可利用这种方法找出对自己有利的因素和不利的因素，发现自己存在的问题，并找出解决问题的办法，进而明确自己的职业方向并做出职业决策。

SWOT 决策分析主要分析四个方面：S 代表优势（strength），W 代表弱势（weakness），O 代表机会（opportunity），T 代表威胁（threat），如图 9-2 所示。其中，S 和 W 是内部因素，O 和 T 是外部因素。从整体来看，SWOT 决策分析可以分为两部分：上半部分为 SW，主要用来分析内部条件；下半部分为 OT，主要用来分析外部条件。

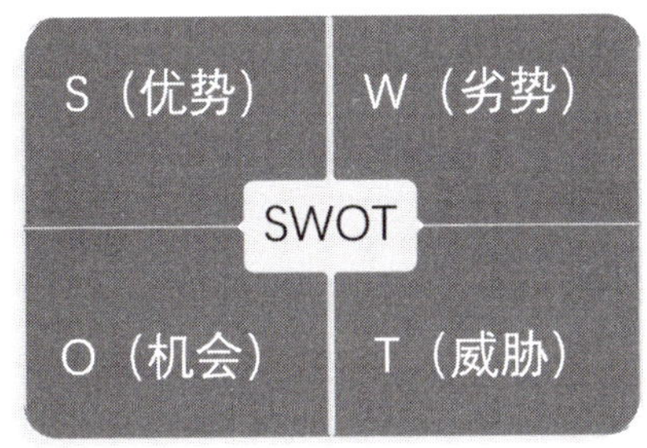

图 9-2 SWOT 决策分析图

大学生只要对自己进行细致的 SWOT 分析，就能很明确地知道自己的优势和劣势，并且能分析出今后职业道路上的机会和威胁所在。

（资料来源：中国教育在线，有改动）

（三）确立职业生涯目标

在评估自身条件和职业发展机会之后，大学生应当做出职业决策，确立职业生涯目标，即明确自己毕业后进入什么行业、从事什么职业、担任什么职务等。在确定职业生涯目标时，大学生应当以社会需求为客观依据，并综合考虑自己的专业、能力和兴趣爱好等。

在初步确定自己的职业生涯目标之后，大学生可以对目标进行分解，列出职业生涯规划的长期目标、中期目标和短期目标。长期目标一般为 5～10 年可以实现的目标；中期目标一般为 3～5 年可以实现的目标；短期目标一般为 1～2 年可以实现的目标，进一步又分为年目标、月目标、周目标和日目标。分解目标既有利于大学生进一步明确行动方向，也有利于各目标任务的有效实施。

案例分析

某大学曾做过一个关于职业目标对个体的影响的跟踪调研：在同年毕业的一批毕业生中，3%的人有清晰且长远的目标，10%的人有清晰的短期目标，60%的人有模糊的目标，27%的人没有目标。25 年后，跟踪调查结果显示：3%的人朝着自己的长远目标不懈努力，有的成为行业领袖，有的成为社会精英；10%的人不断地实现短期目标，其中的大多数人成为各个领域的专业人士；60%的人没有什么特别成就，平庸地生活和工作着；27%的人过着很不如意的生活，他们有着共同的特点，那就是抱怨他人，抱怨社会，抱怨人生。

【分析与点评】

一个长远而清晰的目标对于一个大学生来说尤为重要，它能够为现实的平淡赋予重大意义，也能够让大学生的生活和学习更有章法，更能够促使大学生朝着既定方向不懈努力，从而在今后的人生中取得更加突出的成就。

一个人的职业生涯决定其一生的发展。大学生有必要结合现实环境和自身情况，在大学期间进行职业生涯规划，给自己的职业生涯确定一个清晰的定位，为将来求职择业做好准备，更为未来迈向成功奠定基础。在进行职业生涯规划的过程中，大学生不仅要为学习和其他活动设定可行的目标，而且要做好求职择业的心理准备，并掌握调适自我心理的方法。

（四）确定职业生涯路线

职业生涯路线是指个体所选择的用于实现职业生涯目标的具体发展路线。职业生涯路线不同，职业发展要求就不同。在职业发展道路中，每个人都有适合自身发展的路线。不同的大学生可以选择不同的行业，他们在同一行业里可以选择不同的职业，在同一职业中可以选择不同的职务和岗位。在职业生涯规划中，大学生必须确定适合自己的职业生涯路线，以便沿着设定的职业生涯路线推进自己的职业发展。

大学生在选择职业生涯路线时，可以从志向取向、能力取向和机会取向 3 个方面进行，如图 9-3 所示。

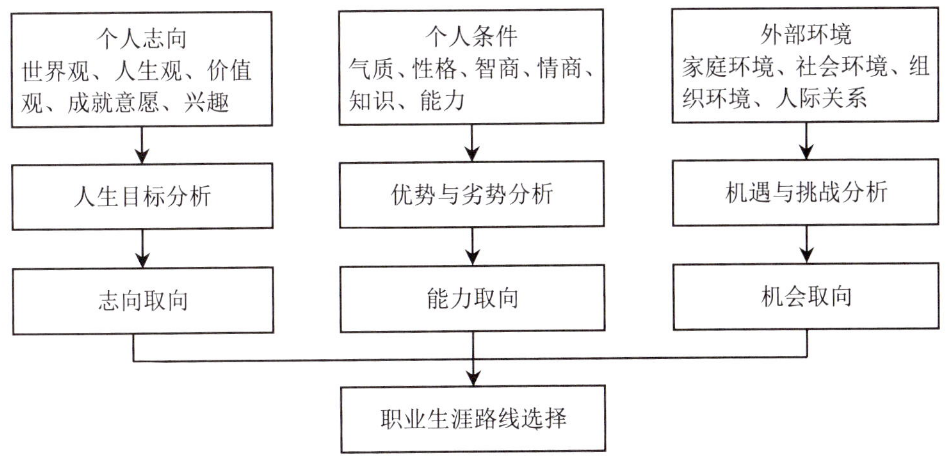

图 9-3 职业生涯路线选择图

（五）明确实施策略

“千里之行，始于足下。”职业生涯规划制订得再好，如果不落实到行动上，就等于空谈。在大学期间，职业生涯规划的实施策略主要包括学习知识和技能、参加社会实践、进行技能培训等。在大学的不同阶段，实施策略有所不同。一般来说，可以分为探索期、定向期、成长期和冲刺期四个阶段，大学生可以分阶段确定职业生涯规划的实施方案。

（1）探索期。在这一阶段，大学生应迅速实现角色转换，确定自己的学习目标，调整自己的学习方式，尽快适应大学生活。这一阶段的具体实施方案如下：了解本专业人才培养目标；培养自己的兴趣爱好和特长；探索适合自己的学习方式。

（2）定向期。在这一阶段，大学生应学习相应的专业知识和技能，并提高综合素质。具体的实施方案如下：主动学习专业知识；提升自身专业技能；积极参加社会实践。

（3）成长期。在这一阶段，大学生应进一步提升专业技能。具体的实施方案如下：全面打牢专业基础；锻炼独立思考能力；主动学习社会技能。

（4）冲刺期。在这一阶段，大学生应确定就业意向并做好充分的求职准备。具体的实施方案如下：确定自己的就业意向；做好充分的求职准备；掌握求职和面试的技巧。

（六）调整职业规划

在人生的漫漫长路上，由于社会的发展变化和一些不确定因素，个体的职业发展可能与原先制订的职业生涯规划有所偏差。这时，个体应根据实际情况对职业生涯规划进行调整。

对职业生涯规划的调整是个体重新认识自己的过程。其内容主要包括以下 6 个方面：

（1）分析自身条件，即评估自己的能力水平、身体状况、家庭状况、经济状况等，重新认识自己，明确自己的优势和劣势。

（2）评估生涯机会，即根据当下的社会环境、经济环境、行业环境、企业环境等，分析自己的职业发展空间，以寻找更好的职业发展机会。

（3）评估职业生涯目标，以判断是否需要重新选择职业。如果一直无法实现之前设定的职业生涯目标，则应考虑调整职业生涯目标，使其更加切合自己的实际情况。

（4）评估职业生涯路线，以判断是否需要调整发展方向。如果原先设计的职业生涯路线与自身的实际情况不匹配，则应考虑调整职业生涯路线，选择更适合个人职业发展的行动方向。

（5）评估实施策略。根据新的情况、目标和路线，重新制订或调整职业生涯实施策略，以发挥自己的优势，弥补自己的不足。

（6）积极落实新的职业生涯规划方案，使之进入一个新的规划、实施、调整的阶段。

拓展阅读

职业生涯规划书范文

第一部分：自我评估

经过职业测评和自我分析，并综合考虑教师、同学、家人和朋友的评价，我总结出了自己的优点和缺点。我的优点如下：情绪稳定，自信，有主见，有耐心，独立，乐观开朗，为人热情，乐于助人，善于沟通，有亲和力，真诚坦率，遵守秩序。缺点如下：有时很固执，不愿改变固有的观念，缺乏创新精神，过于追求完美。

第二部分：评估生涯机会

1．家庭环境分析

我来自农村，父母都是朴实、勤劳的农民，家庭经济条件一般。父母从不过多干涉我的学习和生活，一直都很尊重并支持我的选择。在这样的家庭里成长起来的我具有踏实肯干、独立、正直、诚实等特点。同时，我能清楚地认识到，我必须依靠自己的力量求职择业，而且我有信心通过自己的努力实现职业理想，因为在大学期间我已掌握了从事未来职业所需的理论知识和技能。

2．学校环境分析

学习情况：在校期间，我学习并掌握了基础心理学、发展心理学、教育心理学、咨询心理学和管理心理学等专业理论知识，并且专业课成绩都为“良好”。同时，我还学习了英语、计算机等方面的知识，以优异的成绩通过了大学英语四、六级考试和全国计算机三级考试。

获奖情况：在校期间，经过不断努力，我曾先后获得“三好学生”“优秀团员”“先进个人”“学习明星”等荣誉称号，并多次获得专业奖学金。

社会实践：为了将知识理论与实践相结合，我积极参加了“志愿者”“勤工助学”“义务家教”等实践活动，同时在学校的心理咨询室接听心理热线，为同学们答疑解惑。这些实践活动锻炼了我的交际能力、表达能力和学以致用的能力，培养了我吃苦耐劳、踏实认真的品质。

3. 职业环境分析

（1）心理问题不容忽视。据调查，我国14亿多人口中，心理障碍患者达上千万万人。

（2）心理咨询人员缺乏。我国每100万人中只有数十人人可提供心理咨询服务。

（3）国家高度重视心理咨询行业。2018年11月，国家卫生健康委、中央政法委、中央宣传部等10个部门联合印发了《全国社会心理服务体系建设试点工作方案》（以下简称《方案》）。《方案》要求，各地普遍设立心理咨询室或社会工作室，为村（社区）群众提供心理健康服务；高等院校普遍设立心理健康教育与咨询中心（室），健全心理健康教育教师队伍；中小学设立心理辅导室，并配备专职或兼职教师；各党政机关和厂矿、企事业单位、新经济组织等设立心理健康辅导室或购买心理健康服务；100%精神专科医院设立心理门诊，40%二级以上综合医院开设心理门诊。

（4）职业特点。心理咨询师是一个“助人自助”的职业，可以帮助人们认识自己与社会，正确处理各种关系，改变不合理的思维，掌握自我调节的方法，培养积极乐观的人生态度，提高社会适应能力。在国内，心理咨询收费从每小时100元至1 000元不等，平均收费可达300元/小时。

第三部分：设定职业目标

心理学专业毕业生的就业去向主要是普通高校、政府机关、企业、中小学、医院和诊所。

经过自我评估和生涯机会评估，我对自己的性格、能力及职业方向有了清晰的认识。据此，我确定自己的职业为面向学校的心理学教师。心理学教师一方面可通过课堂教学讲授心理学知识；另一方面可以通过个别访谈、团体活动，对在学习、情感、人际关系、环境适应等方面遇到困惑的学生进行辅导。

第四部分：确定职业路线

我的职业路线如下：获得心理学硕士学位，进一步丰富和完善心理学理论知识，毕业后在高校从事心理学教学研究和心理咨询工作。

第五部分：细化目标并制订实施策略

（1）短期目标及计划（大学期间的目标）。认真学习心理学专业知识和技能；准备心理学考研书目和心理咨询师考试用书，为研究生入学考试和心理咨询师认证考试做准备；考取基础心理学专业的硕士研究生。

（2）中期目标及计划（大学毕业后5年内的目标）。攻读基础心理学专业的硕士研究生，并获得心理学硕士学位；参加心理咨询师认证考试，取得“心理咨询专业技能证书”；在读研期间，了解基本课程后确定研究方向，同时发表论文；研究生毕业前，找一份高校心理学教师的工作；参加工作后继续学习理论知识，积极参加实践活动，进一步提高专业技能。

（3）长期目标及计划（毕业 10 年后的目标）。成为高校心理学学科带头人；在工作中积极、主动、耐心地解决学生的心理问题，并不断积累和总结经验，形成一些关于高校学生心理问题的新见解；成为一名优秀的心理咨询师。

第六部分：评估调整

俗话说：“计划赶不上变化。”理想和现实的冲突要求我们根据现实情况调整规划。为了应对情况变动，我制订了如下方案：大学毕业时，如果我没有考上基础心理学专业的研究生，那么我将在学校谋求一份心理学教师的工作，一边工作，一边追求我的梦想；如果我没能在学校获得一份心理咨询方面的工作，那么我将暂时在学校从事其他学科的辅助性工作，并将心理学的理念渗透给学生，向他们传授积极面对生活和自我调适心理的方法；如果我没能在学校里找到合适的工作，那么我将考虑在医院、企业等单位谋求一份与心理学相关的工作；如果我没能找到一份与所学专业相关的工作，那么我将“先就业，再择业”。一旦有机会，我将转而从事心理学方面的工作。

通过制订职业生涯规划，我对自己的未来有了更清晰的认识。在执行职业生涯规划时，我会坚持“与时俱进，适时调整”的原则，细化职业生涯规划的内容，使其更贴近实际情况，更具有可操作性。

第二节 大学生就业心理

一、常见的就业心理误区

一些大学生在求职择业时常常存在一定的心理误区。这些心理误区不仅会妨碍大学生成功就业，而且不利于大学生心理的健康发展。常见的就业心理误区如下。

（一）自诩为“天之骄子”，盲目攀高

随着我国高等教育大众化时代的到来，大学毕业生的就业竞争日趋激烈。但一些大学生没有认清形势，自诩为“天之骄子”，理所当然地认为自己大学毕业后应该去大城市、大单位、大企业享受高待遇、高职位、高薪水。在这种“三大”和“三高”标准的误导下，这些大学生往往难以顺利就业。因此，大学生应当改变观念，注重提升自身素质，以在激

烈的就业竞争中脱颖而出。

（二）追求安逸与享乐，忽视专长

一些大学生认为“人生行乐须及时”，在求职择业时只看重眼前利益，贪图安逸与享乐，而忽视自己的专业、特长、兴趣爱好等，最终选择了一份不符合自己生涯规划发展方向的工作。这种做法显然不利于大学生的职业发展。

（三）不屑于基层锻炼，自视清高

一些大学生认为，只有在那些高层次的岗位工作才能体现自身价值，基层岗位的烦琐工作不利于自己发挥才能，甚至有辱自己身份。殊不知，多层次、多岗位的基层锻炼，能让大学生全面了解工作流程，快速提高工作能力，获得丰富的工作经验，进而成长得更快。很多管理岗位和重要的技术岗位都需要任职者拥有丰富的基层经验。

（四）一次就业定终身，观念固化

一些大学生还保留着“就业一步到位”“一次就业定终身”等传统就业观念。在这种观念的引导下，他们很难降低就业标准，即使一时找不到条件较好的单位，也不愿调整自己的就业期望值，而宁愿等待观望。

其实，随着社会的发展，就业渠道越来越多元化，日益细化的社会分工为大学毕业生提供了更多的就业机会，“一次就业定终身”的观念已经跟不上社会发展的步伐。现代大学生应摒弃“铁饭碗”“就业一步到位”等传统观念，接受“先就业，后择业，再创业”等新观念，主动选择各种有挑战性的职业或与自己的价值观、职业发展方向和综合素质相符的职业，努力开创属于自己的事业，这样才能有所作为。

二、树立正确的就业观念

从本质上说，大学生在求职择业过程中产生的许多不健康心理都与就业观念不正确有关。为了顺利就业，大学生应正视社会现实，树立正确的就业观念。概括而言，大学生应树立“发挥素质优势”“服从社会需求”“注重自身发展”“争取及时就业”等就业观念。

树立正确的择业就业观

（一）发挥素质优势

发挥素质优势是指大学生在求职择业时应综合考虑自身素质，选择能够发挥自身某种特长或优势的职业。这样有利于个人特质与职业需要相匹配，缩短职业适应期，提高大学生在职业发展过程中获得成就的概率。

（二）服从社会需求

服从社会需求是指大学生在求职择业时应把社会需求作为出发点和归宿点，把自身的专长和爱好与社会实际需求有机统一起来，努力寻找个人追求与社会需求相统一的职业。

（三）注重自身发展

注重自身发展是指大学生在求职择业时应重点考虑所选择的职业是否有利于自身的发展与成长，仔细分析利弊，并注意取舍，不要受社会潮流、经济利益、从众心理等因素的影响而盲目择业。

（四）争取及时就业

争取及时就业是指大学生在求职择业时应调整就业心态，确定合理的就业期望值，在合理的时间内成功就业，避免出现有岗不上、有职不任的人为待业现象。当前的就业形势比较严峻，大学生应首先解决生存问题，尤其是家庭经济比较困难的大学生，更要发扬顽强拼搏、不怕挫折的精神，积极寻找就业机会，避免在消极等待中延误就业时机。

此外，大学生应加深对职业流动的认识，摒弃“一次就业定终身”的错误观念，以免错失就业机会。

三、做好就业的心理准备

大学生在求职择业过程中应做好以下心理准备。

（一）积极竞争的心理

达尔文在生物进化论中提出了“物竞天择，适者生存”的观点。这一法则同样适用于当今社会的就业市场。因此，大学生要想成为一名合格的现代化人才，取得就业竞争的胜利，就必须具备竞争心理和竞争能力，并积极参与竞争。

（二）承受挫折的心理

在求职择业中，每个人都可能遇到挫折。大学生一定要做好承受挫折的心理准备。在求职择业过程中遇到挫折时，大学生应该勇敢面对，认真反思，找出问题所在，并积极地解决问题，而不能消极地面对。

（三）摆脱从众的心理

人云亦云、“随大流”是从众心理的典型表现。个体之所以会产生从众心理，主要是

因为其没有人生目标和长远打算。大学生应学会独立思考问题和解决问题，尽早确立职业目标，在求职择业过程中摆脱从众心理。

（四）避免攀比的心理

在求职择业过程中，适度的竞争是无可厚非的，但彼此攀比就不可取了。从本质上看，攀比者本身是缺乏主见的。在求职择业过程中，有攀比心理的大学生会将注意力集中到他人的择业取向上，而忽略自己的实际能力和择业取向，很容易放弃适合自己的工作，而去与他人“争过独木桥”。这种情况下，攀比者的求职成功率和职业发展都会受到影响。

（五）克服自卑的心理

自卑是自我评价过低的一种表现。自卑的人通常缺乏自信和勇气，总认为自己不如别人，遇事退让，不敢竞争。有自卑心理的大学生在求职择业时往往会感到迷茫，面对就业竞争时会心生恐惧。这类大学生可通过提高自身能力和就业前的心理调适训练来增强自信心，以便勇敢地参与求职竞争。

心理训练

我适合什么职业？

【活动目的】

探索自己未来可能从事的职业。

【活动过程】

（1）请认真阅读人格特质清单（见图 9-4），在符合自己情况的人格特质前的“□”内打“√”，对于缺少的内容可在“其他”处补充。

（2）邀请对你比较熟悉的同学（至少 2 位），让他们根据对你的了解，在符合你的人格特质前的“○”（见图 9-4）内打“√”，对于缺少的内容可在“其他”处补充。

人格特质清单

在"□"内打"√"代表你认为自己是怎样的人。

在"○"内打"√"代表别人认为你是怎样的人。

□○爱说话的	□○诚实的
□○热情的	□○自信的
□○害羞的	□○有恒心的
□○谦虚的	□○有领导力的
□○精力充沛的	□○谨慎的
□○善于表达的	□○爱干净的
□○幽默的	□○依赖的
□○勤奋的	□○节俭的
□○天真的	□○爱生气的
□○勇敢的	□○好奇的
□○迷糊的	□○喜欢帮助别人的
□○人缘好的	□○其他（__________）

图 9-4　人格特质清单

（3）看看自评和他评结果中有多少项是你自己认为没有而别人认为有的人格特质，并进一步确定自己的人格特质。

（4）根据自己的人格特质结果，思考下列问题：

① 与我的人格特质相匹配的职业有：____________________。

② 我向往的职业是：____________________。

③ 我向往的这个职业对人格特质的要求是：____________________。

④ 我的人格特质中对从事该职业有助力作用的有：____________________。

⑤ 我的人格特质中对从事该职业可能起阻碍作用的有：____________________。

⑥ 为了我的职业生涯目标，我需要做以下改变：____________________。

心理测试

测试一 你的心理适应能力如何？

这个测试可以通过《心理适应能力测试量表》来完成。

《心理适应能力测试量表》由 20 个测试题目构成。扫一扫下方二维码，进行测试吧！

测试二 你有人生规划的潜能吗？

这个测试可以通过《人生规划潜能测试量表》来完成。

《人生规划潜能测试量表》由 8 个测试题目构成。扫一扫下方二维码，进行测试吧！

心理适应能力测试量表

人生规划潜能测试量表

第十章 打开心灵之窗 感受生命芬芳

本章导读

世间最宝贵的是生命，每个人的生命都只有一次，并且每个人的生命长度都是有限的。心理咨询就是一段以生命影响生命的旅程，咨询师和来访者结伴而行，互相治愈。

在有限的生命里，当代大学生要认识生命现象、了解生命常识，理解生命的意义，树立积极向上的人生观，在产生心理问题时要懂得主动进行心理咨询，以使自己尽早摆脱心理危机，走出心理困境。

学习目标

知识目标

◇ 了解心理咨询的概念、内容、种类和作用
◇ 了解心理危机的含义、特征及类型
◇ 了解大学生常见的心理危机及其影响因素
◇ 掌握应对心理危机的方法
◇ 正确认识生命，了解生命的存在形态和特征

能力目标

◇ 学会识别常见心理问题，自觉培养心理自我调节能力
◇ 能够觉察自己遭遇心理危机时的各种反应，学会应对心理危机

素质目标

◇ 培养责任意识，积极投身社会实践，努力实现自身的人生价值
◇ 体会生命的可贵，树立正确的生命观，珍惜生命，热爱生命

情境导入

用真情付出点亮千户万灯

日光灯、插座、开关、螺丝……作为国家电网浙江慈溪市供电有限公司客户服务中心社区客户经理，钱海军的车的后备厢里摆满了各种电器元件。城里的五金店里卖些什么，他比谁都门儿清。可问起这些年究竟换了多少个灯泡、贴进多少材料钱，他却总是笑着摇摇头，说不知道。

1999 年，钱海军第一次接触并加入了居委会义工组织。之后，他便利用闲暇时间，为群众提供免费电力维修服务。为更好地服务社区的老年人，他还自学电磁炉、洗衣机等常用家电的维修技术。“用电有困难，请找钱海军。”这是不少居民常挂在嘴边的话。居民家中碰到电力故障，只要打电话找钱师傅，保证“马上到、马上修、马上好”。最多的时候，钱海军一天能接到 20 多个电话。

在志愿服务过程中，钱海军发现许多孤寡老人不但无法确保安全用电，连生活起居都有困难。于是，他把自己的姓名和手机号写在卡片上，遇到需要帮助的老人便递过去。20 多年来，他的手机总是 24 小时开机，而且从未换过号码。无论刮风下雨，他都争取第一时间出现在需要帮助的老人身边。在帮一位老人修电磁炉时，看到耄耋之年的老人还要照顾有智力障碍的儿子，钱海军便把老人当作重点服务对象，定期帮他检查家里的电器和线路，陪他聊天；逢年过节，还和妻子带上礼物前去看望。有一次，老人旧疾复发，钱海军送老人就医，忙里忙外，被医护人员误认为是老人的亲儿子。面对老人的感谢，钱海军却说：“这都是我应该做的。”

如今，钱海军通过实际行动，带动了更多的人参与到志愿服务中来。

从钱海军的先进事迹中，你得到了什么启示？你认为什么样的人生才是有意义的人生？

第一节 心理咨询概述

一、心理咨询的概念

心理咨询

心理咨询是指在建立良好咨询关系的基础上，由经过专业训练的心理咨询师运用咨询心理学的有关理论和技术，向有心理问题的求助者提供帮助，挖掘求助者本身的潜在能力，改变求助者原有的认知结构和行为模式，进而解决求助者的心理问题，促进求助者心理良好适应和协调发展的过程。其中，需要解决问题并前来寻求帮助的人称为求助者（也称“来访者”），提供帮助的心理咨询师称为咨询者。

在心理咨询过程中，求助者就自身存在的心理不适或心理障碍，向咨询者进行述说、询问，与咨询者共同讨论并找出引起心理问题的原因，分析问题的症结，进而寻求摆脱困境、解决问题的对策，以便恢复健康心理状况，提高对环境的适应能力，增进身心健康。

二、心理咨询的内容与种类

（一）心理咨询的内容

心理咨询的内容相当广泛，涉及生活、学习、家庭、疾病、康复和婚姻等各个方面。大学生心理咨询主要涉及大学生在环境适应、人际交往、恋爱情感、学业发展和就业规划等方面的心理问题。

（二）心理咨询的种类

按照不同的标准，心理咨询可划分为不同的种类。

1. 按咨询的性质和内容划分

按咨询的性质和内容的不同，心理咨询可分为发展性咨询、健康性咨询和障碍性咨询。

（1）发展性咨询。这类咨询的适用对象为无明显心理冲突且基本上能适应环境的健康人群。在这种心理咨询中，心理咨询师针对求助者出现的心理困惑进行心理辅导，引导求助者针对自我发展的问题做出理想的选择。发展性咨询的目的是使求助者更好地认识自己，扬长避短，充分发挥潜能，从而提高学习和生活的质量。

（2）健康性咨询。这类咨询的适用对象为在现实生活中有各种烦恼和压力或有明显心理矛盾和冲突的人群。在健康性咨询中，心理咨询师主要针对求助者在学习、工作和人际关系等方面的适应不良提供帮助，目的是排除求助者的心理困扰，减轻其心理压力，提高其适应能力。例如，一些新生入学后常因环境适应不良而焦虑，因学习成绩不佳而苦闷，因单恋或失恋而萎靡不振等。这类新生就适合进行健康性咨询。

（3）障碍性咨询。这类咨询的适用对象是开始出现心理疾病症状的人群（如焦虑症患者、强迫症患者），其心理问题已经严重影响正常的学习和生活。障碍性咨询的目的是找到有效对策，帮助求助者克服心理障碍，进而恢复心理健康状态。需要注意的是，如果心理问题发展到了心理疾病的程度，则求助者必须接受系统的心理治疗，并配合药物治疗。这时，心理咨询只能作为治疗的辅助手段。

2. 按咨询对象的人数划分

按咨询对象人数的不同，心理咨询可分为个别咨询和团体咨询。

（1）个别咨询。个别咨询是指由一位心理咨询师为一位求助者提供一对一咨询服务的咨询类型。个别咨询既可以采用面谈的方式进行，也可以通过电话、在线聊天软件、邮件、信函等媒介进行。由于这种咨询没有他人在旁，所以求助者一般顾虑较少，可以毫无保留地倾诉自己的心理问题，自由地表达自己的真实想法。个别咨询是心理咨询中最常用的类型。

（2）团体咨询。团体咨询是相对于个别咨询而言的，是指心理咨询师将具有同类心理问题的求助者组成小组或较大的团体后，对其进行集体指导的咨询类型。团体咨询的人数没有固定的标准，但人数太多不利于咨询的开展。当咨询人数超过 20 人时，一般可分小组进行。

团体咨询有时比个别咨询更有效果，因为团体成员可以相互交流和鼓励，减少对心理咨询师的依赖，从而大大增强摆脱困境的信心和能力。当然，团体咨询也有其局限性——在有多人在场的情况下，求助者容易产生顾虑，不愿充分暴露自己的想法，从而影响咨询效果。因此，团体咨询通常适用于具有一些共性的表层心理问题的人群。具有深层心理问题的个体，通常需要采取个别咨询的方式。

3. 按咨询的方式划分

按咨询方式的不同，心理咨询可分为门诊咨询、电话咨询和书信咨询。

（1）门诊咨询。门诊咨询是心理咨询最常见和最主要的形式。在门诊咨询中，咨访双方通常以面对面交谈的方式进行，必要时心理咨询师会对求助者进行相关心理测试，并将测试数据作为诊断依据。

（2）电话咨询。电话咨询是指求助者通过电话寻求心理咨询帮助，心理咨询师通过电话对求助者进行情绪疏导、劝慰，或者指导知情人进行危机处置的一种咨询形式。这种咨询方式方便而快捷，主要用于防止求助者采取极端行为等危急情况的处理。

（3）书信咨询。书信咨询是指求助者通过书信寻求心理咨询帮助，心理咨询师以书信寄递的方式对求助者所提出的心理问题给予解答的咨询形式。现代人对纸质信件的使用越来越少，通过电子邮件开展咨询是书信咨询的一种新形式。书信咨询可以打破空间距离的限制，也可以避免因求助者不愿与心理咨询师当面交谈而出现尴尬局面。当然，书信咨询也有不足之处，如由于咨访双方不能直接见面交谈，因而心理咨询师不易深入了解求助者的情况，咨询效果也容易受求助者书面表达能力的影响等。

（4）网络咨询。网络咨询是指通过网络开展心理咨询，包括使用聊天软件开展的文字、语音、视频交流，以及在网络心理咨询平台上开展的心理咨询。

4．按与咨询者的互动形式划分

按求助者与咨询者互动形式的不同，心理咨询可分为直接咨询和间接咨询。

（1）直接咨询是指心理咨询师不经由他人，直接为求助者提供咨询服务的咨询形式。其特点是心理咨询师与求助者直接交谈，求助者在心理咨询师的指导下正确处理心理问题。

（2）间接咨询是指心理咨询师针对中间人（求助者的亲属或其他人员）所反映的当事人的心理问题提供咨询服务的咨询形式。其特点是心理咨询师与求助者并不直接交流，而是由中间人向心理咨询师介绍情况，并由中间人来实施咨询意见。在间接咨询中，中间人对咨询意见的接受程度和实施情况，会直接影响咨询效果。

三、心理咨询的作用

心理咨询可以引导求助者从一个全新的角度看待自己与社会，促使求助者形成全新的行为模式，从而消除心理障碍。具体而言，心理咨询的作用包括以下 5 个方面。

（一）认识问题根源

心理咨询师能够帮助求助者认识到，大部分心理困扰都源自个体尚未解决的内部冲突，外部环境只不过是一个舞台，内部冲突才是舞台上的主角。通过心理咨询，求助者能够逐渐认识到，只有消除自己的内部冲突，才能从根本上解决自己的心理问题。

（二）纠正错误观念

求助者通常十分确信自己需要什么和正在做什么，而实际上并非如此。他们通常以各种非理性观念来看待事物。通过心理咨询，心理咨询师可以引导求助者审视自己的非理性观念，逐步改变其不合理的思维方式和情感表达方式，使其用理性观念和合理的思维方式来看待事物，学会与外界和谐相处。

（三）深化自我认识

在心理咨询中，心理咨询师可引导求助者进行自我探索，促使他们认识自己的需要、

价值观、态度、动机和优缺点等。这有利于帮助求助者客观地认识自我，从而更加理性地看待自己与周围事物之间的关系。

（四）学会面对现实

一些求助者习惯于回味过去或计划未来，通过逃避现实来缓解自己的焦虑情绪；还有一些求助者总是希望客观事物完全按照自己的主观愿望发展。这都是不能客观面对现实的表现。通过心理咨询，心理咨询师能帮助求助者树立面对现实的信心和勇气，引导他们正确面对现实。

（五）建立新的人际关系

心理咨询师系统掌握了丰富的心理学理论、方法与技巧，能够针对求助者的心理问题采用合适的方式积极回应求助者，促使求助者做出积极改变，从而帮助求助者建立新的合理的行为模式。这种新的行为模式能让求助者正确地表达自己的情感，和谐地与外界相处，从而帮助求助者在人际交往活动中建立全新的人际关系。

课堂互动

你了解心理咨询吗？你是否有心理咨询的经历？如果在生活中遇到自己无法解决的心理问题，你愿意主动向心理老师或心理咨询师寻求帮助吗？为什么？

四、正确认识心理咨询

（一）心理咨询不同于日常安慰

心理咨询和朋友之间的相互安慰有着根本的区别。在日常生活中，人们在安慰他人时，总是会劝说他人尽早忘却不快乐的经历。“过去的事情就让它过去吧，明天会更美好的！”这是人们平时相互劝慰时常用的话语。而心理咨询师不会这样简单地劝说求助者忘却过去，他们会帮助求助者分析心理问题产生的原因，总结经验教训，积累生活智慧，以使求助者更好地应对日后生活中可能会出现的各种困难和挫折。心理咨询不同于日常安慰，就在于它不仅要让求助者开心，更要促使求助者不断成长。

（二）心理咨询会尽量保护隐私

保密原则是心理咨询中的重要原则。它既是咨访双方确立相互信任的咨询关系的前提，也是咨询活动顺利开展的基础。这一原则要求心理咨询师不得在没有经过对方同意的情况下，将对方在咨询场合下的言行和相关信息泄露给任何单位或个人。所以，求助者不必担心在寻求心理咨询帮助时会泄露个人隐私。当然，保密也有例外。如果求助者的想法、行为或行为意向有可能伤害到自己或他人，或者国家司法机关要求心理咨询师提供司法协助，那么心理咨询师有权将有关情况报告给相关管理机构或管理人员。

（三）心理咨询强调助人自助

心理咨询的本质是“助人自助”。助人自助要求心理咨询师致力于为求助者提供心理支持，帮助求助者“自救自助，自主人生”。如果求助者本人拒绝接受改变，或者缺乏消除心理问题的内在动力，那么心理咨询师所提供的支持就是无效的，或者难以产生好的效果。所以，在心理咨询的过程中，心理咨询师不求教育他人，而求开导他人，以增强求助者的独立性和自主性，启发他们用自己的意志做出决策，使他们从“他助”转向“自助”，做自己命运的主人。

（四）心理咨询很难立竿见影

很多求助者认为，只需要做两三次心理咨询，就能够获得明显的效果，进而解决心理问题。这种认识是错误的。事实上，从个体发展的角度看，心理咨询是一个连续的动态过程，包含双方信任关系的建立、求助问题的澄清、求助问题的分析、求助者的个人探索、咨询目标和方案的探讨与确定、咨询效果的评估、咨询方案的灵活调整及咨询结束等环节。短程的心理咨询需要几周时间，中程的需要几个月，而长程的则需要几年，因为习惯的养成、心灵的成长、个性的完善等都是需要时间的。

趣味活动

请根据以下步骤完成一次“肢体语言‘拷贝’”活动。

（1）全班学生分为若干组，每组 10 人以上。

（2）每组成员排纵队站好；教师将写有 1 个词语的纸条给各组的第一个成员看一眼，然后请他通过肢体语言向其身后的成员表达自己所看到的内容，同组成员依次“拷贝”传递；最后一名成员根据自己所得到的信息说出词语。

（3）全班学生相互交流，分享感受。

注意事项：

（1）各组成员应避免相互影响；不同小组的“拷贝”内容不可相同。

（2）在游戏的过程中不能发出声音，否则将视为犯规。

（3）肢体语言信息只可在两个人之间传递，不允许集体交流、讨论；已传递完信息的成员和还未传递信息的成员都必须背对着两个正在传递信息的成员。

心理咨询是如何起作用的？

一些求助者在经历了几次心理咨询之后会问心理咨询师：“我知道自己的问题所在了，那我接下来该怎么做呢？”还有一些求助者会对心理咨询师说：“你说的这些道理我都知道，可是我做不到。”也就是说，仅在认知层面给求助者讲道理，是不能解决其心理问题的。那么，心理咨询到底是怎么起作用的呢？心理咨询是在情感层面起作用的，即心理咨询师通过密切交流和关系梳理，撬动求助者的情感世界，进而为求助者修复已经形成的不良关系模式。

在心理咨询过程中，求助者和心理咨询师定期见面，并定期地交流内心深处的想法。慢慢地，双方的咨访关系会越来越贴近于求助者生活中的亲密关系。这种咨访关系建立后，求助者会将已经形成的不良关系模式运用于自己与心理咨询师的相处过程，进而对心理咨询师产生各种各样的情绪反应。例如，因心理咨询师不积极作答而感到愤怒；因把心理咨询师当作权威父辈而又爱又怕；等等。心理咨询师正是通过调整当下的咨访关系来修复求助者已形成的不良关系模式的。

例如，如果一个求助者在没有关爱的家庭中长大，与父母之间没有太多的情感牵绊，那么这个求助者在成年以后与他人交往时就很难获得亲近感。这个求助者在与心理咨询师相处的过程中，会将双方关系发展成这种模式——这个求助者觉得心理咨询师的态度非常冷漠，不怎么关心他，随着这种感觉日积月累，他会对心理咨询师产生不满。

当这个求助者把自己的不满表达出来时，心理咨询师会接纳他的不满情绪。这对于求助者来说是一种全新的情感体验——求助者会感受到自己被理解，被关注，会发现情绪可以表达出来，而且有人愿意接纳自己的负面情绪。这种体验能让求助者感到放松、平静，并获得满足感。

这样，心理咨询师对求助者不良关系模式的修复就在当下真实的咨访关系中发生了。这种修复不仅发生在认知层面，而且切实地发生在情感层面。情感层面的修复就有可能刷新求助者对世界的认知——曾经认为这个世界上的人都如同父母一样冷漠，可是心理咨询师的温暖与包容给了求助者全新的认识。

简而言之，在心理咨询过程中，全新的体验能真正改变求助者内心深处的感受，进而改变其行为模式。而这些全新体验，求助者往往很难从实际生活中获得。因为求助者认为他人情感冷漠的时候，通常会选择逃避或者独自生闷气，而不想跟对方继续沟通下去。在这种情况下，求助者的情绪就无处安置，而相应的不良关系模式就会在求助者的生活中不断重复和循环。

第二节 心理危机与干预

一、心理危机的含义

当一个人先前处理危机的方式和惯常的支持系统已不足以应对眼前的困难时，即应对困难所需要的能力水平超过其现有的能力水平时，这个人就会出现心理失衡状态。这种暂时性的心理失衡状态就是心理危机。

一般来说，心理危机实质上包括 3 个基本的部分：① 危机事件发生；② 对危机事件的感知导致当事人感到痛苦；③ 惯常的应对方式失败，导致当事人的心理、情感和行为等方面的功能水平较突发事件前降低。

由此可见，当事人的痛苦是一种内心的主观感受。因此，经历同样的危机事件，不同人的心理感受可能大不相同。

二、大学生常见的心理危机

大学生处于特殊的发展时期，对外部世界充满了探索的欲望和热情，但是其心智又尚未完全成熟，不足以应对探索过程中可能遭遇的挫折或打击，因而会不可避免地出现心理危机。大学生常见的心理危机包括以下几种。

（一）环境适应心理危机

环境适应心理危机主要发生在大学新生群体之中。对于大一新生来说，步入大学是人生的一个重要转折点。相对于中学而言，大学的生活方式、学习方式、交往方式等都会发生很大的变化，这使很多学生感觉不适应，从而产生环境适应心理危机。不同个体的环境适应心理危机因教育背景、家庭情况、成长经历、学习基础等因素的不同而有所不同。

（二）人际关系心理危机

大学生的人际关系心理危机主要是指大学生在与他人相处的过程中出现的不良心理状态和行为表现，如自卑、自负、逃避、闭锁等。

进入大学后，大学生将面临一种全新的人际关系。在中学时代，他们或许能够凭借优异的成绩赢得同学和教师的青睐，但在大学，优异的成绩不一定能获得他人的青睐，或者不一定能帮助自己建立良好的人际关系。另外，大学生来自五湖四海，其家庭背景、生活方式、价值观、性格和兴趣爱好等往往千差万别，这些差异会不可避免地引发摩擦和冲突。

如果同学之间的矛盾得不到及时解决，人际关系心理危机就可能产生，进而给大学生的心理健康带来严重的不良影响。

（三）学业心理危机

对大学生来说，学习依然是首要任务。一些大学生常因下列情况而产生学业心理危机：一是学校非本人所爱，专业也非本人所爱，因而长期处于学与不学的矛盾冲突之中；二是不适应大学的学习方式，缺乏自主学习能力，不懂得如何学习，导致精神长期过度紧张；三是学习自觉性低，导致学习成绩一落千丈，甚至多门功课“亮红灯”；四是面对学期考试、各类职业资格考试的压力，变得焦躁不安等。以上这些情况极可能导致大学生出现焦虑情绪、强迫心理，甚至是精神分裂症等心理疾病。

（四）就业心理危机

由于社会竞争加剧、高校扩招等，大学生就业形势越来越严峻，很多大学生面临着“毕业即失业”的无形压力。在这种情况下，一些大学生定位不清，目标不明，不知道毕业后到何处去，对未来非常迷茫，进而产生极其强烈的危机感。而另外一些大学生为了避免“今天不努力学习，明天就努力找工作”的被动局面，不断地给自己施压，甚至给自己设置一些不切实际的目标，并耗费大量的时间和精力来学习热门课程或实用课程，从而使自己长期处于高压状态。在这种情况下，他们一旦失败，就会产生严重的挫败感，就业心理危机会更加严重。

（五）情感心理危机

情感心理危机是指一个人因遭受情感打击而出现的不良心理状态和行为表现，如无法控制自己的情感、无法进行正常思维或对事物进行判断、无法正常学习和工作等。对大学生而言，最常见的情感心理危机诱发因素莫过于失恋。爱情这把双刃剑，既能给大学生带来甜蜜，也能给大学生带来痛苦，是诱发大学生心理问题的重要因素，有的人因此走向极端，甚至酿成悲剧。

三、大学生心理危机的影响因素

大学生心理危机的产生并不是由单一因素决定的，而是多个因素相互作用的结果。

（一）个体对事件的知觉

个体对某一事件的认知和主观感受，决定着其行为的性质和程度。如果遭遇突发事件时，个体对事件的知觉是客观的、合乎逻辑的，则问题解决的可能性会大大提高；反之，则可能使事件无法解决，导致心理危机的产生。

（二）社会心理支持

人的本质是社会化的，对个体而言，获得肯定评价的意义重大。大学生尤其需要来自亲人、朋友、同学等多方面的心理支持，这是大学生应对心理压力时重要的社会心理支持资源。这种重要的社会心理支持资源一旦丧失或没能发挥作用或支持失当，面对压力的大学生将变得无比脆弱，从而导致心理失衡，进而可能产生心理危机。很多产生心理危机的大学生或是没有建立社会心理支持系统，或是有心理问题也不愿意向身边的人倾诉、求助，从而导致其心理危机程度进一步加深。

（三）应对机制

人们在日常生活中会遇到各种各样的突发事件，逐渐学会了运用各种手段去缓解焦虑和紧张，并逐步形成了应对压力的模式。那些被人们运用过的有效的应对办法会被纳入他们的生活模式中，并逐渐形成了他们解决压力时的一套有效的应对机制。如果没有恰当的、有效的应对机制，或现有的应对机制不起作用，个体的压力难以消除，心理危机便会随之产生。

（四）个体的人格特征

危机人格理论认为，心理危机还受个体的人格特征的影响，容易陷入心理危机的个体在人格上往往具有以下特征：注意力明显缺乏，看问题只看表面而看不到本质；社会倾向性过分内倾，遇到危机时往往瞻前顾后，总联想不良后果；在情绪情感上具有不稳定性，自信心低，独立处理问题的能力极差；解决问题时缺乏主动性，行为冲动，经常会有毫无效果的应对行为。

（五）重大生活事件的影响

重大生活事件（如亲人去世、父母离异等）对大学生的冲击力往往很大，再加上大学生心理不成熟，还没有形成完善的应对机制，因此，大学生难免会产生心理危机。

四、心理危机应对

（一）培养健全的人格

大学生要培养健全的人格应做到以下几点：首先，应该正确认识自我，悦纳自我，客观分析自己性格的长处与短处，不断完善自己。其次，要提高对挫折的承受能力，正确认识挫折，在挫折面前不惊慌失措，采取理智的应对方法，化消极因素为积极因素。最后，要树立科学的人生观，培养积极的人生态度，丰富人生经验。

（二）养成科学的生活方式

许多心理危机的产生与不良生活习惯有关。大学生的学习负担较重，为了提高学习的效率，必须科学地安排好每天的学习与生活，使生活有规律，张弛有度，避免用脑过度、生活无序引起神经衰弱，造成思维、记忆能力减退，还要坚持体育锻炼、少饮酒、不吸烟、讲究卫生。

（三）加强自我心理调节

自我心理调节包括调整认识结构、情绪状态，锤炼意志品质，提高适应能力等。大学生处于由不成熟走向成熟的青年阶段，其生理和心理发展都非常活跃。但是，由于经验的缺乏和知识的不足，其心理发展的某些方面落后于生理机能的成长。因而，大学生在成长过程中难免产生许多困惑和烦恼。

此外，大学生正逐步从校园走向社会。社会竞争的日趋激烈，生活节奏的日益加快，给大学生带来了巨大的压力，可能会引发大学生这样或那样的心理矛盾和心理冲突。这些心理问题如果不及时解决，日积月累，就有可能成为心理障碍而影响大学生的学习和生活。因此，大学生要学会自我调节，将心理危机“扼杀”在初始阶段。

（四）保持浓厚的学习兴趣和求知欲望

一方面，学习是大学生的主要任务，有浓厚的学习兴趣和求知欲望才能使大学生自觉主动地吸取新的知识，发展多方面的能力，提高自身的素质，才能更好地适应社会发展的需要；另一方面，兴趣和爱好广泛的大学生，更易保持乐观的情绪和良好的心境，他们对未来充满信心和希望，患心理疾病的概率更低。

（五）保持和谐的人际关系

乐于交往、善于交往的大学生在交往中能用理解、宽容、信任和尊重的态度与人和睦相处。这不仅能使他们收获友谊，也能使他们获得更多的社会支持从而增强心理适应能力。和谐的人际关系有利于大学生化解心理矛盾，消除负面情绪。

（六）正视心理咨询

很多大学生认为，有心理疾病的人才去心理咨询，甚至有的大学生有了心理问题也因爱面子等原因不愿去做心理咨询。实际上，心理咨询的对象主要是正常人，而非有心理疾病的患者。心理咨询是为在日常生活中出现的心理困惑和烦恼的人提供咨询和帮助的。因此，大学生在学习和生活中遇到任何问题，都可以求助于有丰富经验的心理咨询医生或长期从事心理咨询工作的专业人员和心理老师，这样可以更容易地化解心理危机。

第三节 珍爱生命，与爱同行

一、何为生命

（一）什么是生命

我们在日常生活中经常会使用“生命”这个词，如生命价值、生命意义、艺术生命、职业生命等。那么，生命的含义究竟是什么？《不列颠百科全书》中对于生命是这样定义的：“生命是一种物质复合体或个体的状态，主要特征为能执行某些功能活动，包括代谢、生长、生殖及某些类型的应答性和适应性活动。”也就是说，生物学上认为生命是动植物的一种存续状态，其以新陈代谢为基本存在形式，能利用外界的物质形成自己的身体和繁衍后代，并能适应、改变环境。

（二）生命的存在形态

生命是一个多层次的复杂系统，不同的生命有着不同的形态、结构。具体到人类而言，人的生命由实体、精神和社会性 3 方面构成，所以可以分为以下 3 种形态：

1. 生理性生命

生命最直观的表现是生物体的自身繁殖、生长发育、新陈代谢、遗传变异等生理现象，这是所有生命都必须具备的基本属性。人类也不例外，人首先是作为生理性的肉体生命而存在的，通过饮食、呼吸等各种生理活动来维持生存。

2. 精神性生命

人类之所以被称为“万物之灵”，是因为其具有远超于动物的思维意识，具有高度发达的精神性生命。人类的精神性生命最大的特征是“超越性”——超越自我，超越空间，超越时间，并且永不停歇。只要人类还存活，就不会停止思考，就不会只顾当下，就不会止步不前：人们不止思考如何活下去，还探索如何活得更好；人们不仅可以利用自然界现有的工具，也可以创造出自然中没有的事物；人们不满足止步于地球，还努力去探寻外太空的秘密。

3. 价值性生命

人都会思考“为什么活着、怎样活着”的问题，这是我们对于生命价值发自内心的追问，也是对人生意义的一种诉求。是随波逐流、得过且过，还是逆流而上、拼搏奋斗？《钢铁是怎样炼成的》一书中对生命价值做了这样的诠释：“人最宝贵的东西是生命。生

命对于我们只有一次。一个人的生命应当这样度过：当他回首往事的时候，他不因虚度年华而悔恨，也不因碌碌无为而羞愧。”

（三）生命的特征

1. 不可逆性

从胚胎形成时起，生命体便一直生长、发育，直到衰亡。这个过程是不可改变的。生命绝不会重来，也不会永恒，“返老还童”亦不可能实现。

2. 不可再生性

生命，对任何人来说都只有一次。人们常说，“人死不能复生”，讲的就是生命的不可再生性。

3. 不可互换性

生命为个体所私有，相互之间不得交换，彼此不可替代。许多小说中往往幻想将人的生命当成一种能源相互交换，这在现实生活中是绝不可能发生的。

4. 有限性

人的生命是有限的，每个人的生命到最后都不可避免要走向衰亡。历史上有许多帝王花费大量人力、物力去寻求长生之法，最后都只是闹剧一场。有限性是生命的本质属性，生命的有限性使人不停地探寻生命的意义与价值，不断突破自我。

5. 独特性

每个人都有自己独特的生命风格。正如世间没有两片完全相同的树叶，世间也没有两个完全相同的人，即便是具有相同遗传基因的孪生兄弟，也会因后天生活环境、所受教育等的不同，而有不同的发展，形成不同的个性。所以，“人都是作为无可替代的独立个体存在着的。人正是在这种既实现自己的个体生命，又超越自己的个体生命的过程中而不断地成长、发展、完善的”。

二、热爱生命、珍惜生命

（一）笑对人生，拥抱生命的美好

大学生正如同初升的朝阳，拥有灿烂美好的人生。想要收获幸福人生，大学生就要有乐观的心态，积极拥抱生命，宽容地对待自己和他人。

1. 幸福

心理学上所说的幸福是一种持续、稳定的积极心理状态，包括对现实生活的总体满意度和对自己生命质量的评价，是个体对自己生存状态的全面肯定。幸福是一种较为稳定的欣喜感和愉悦感，不同于暂时的快乐和满足。在生活中，我们经常会有快乐的时刻，如看了一部喜剧电影，或者吃了一顿美食，但这种暂时的快乐不是幸福。

究竟怎样才能获得幸福？目前为止还没有定论。每个人由于生活环境、文化教育等因素影响，对幸福的理解和要求各有不同。但是，这并不妨碍我们将幸福作为生活的最高目标。提升幸福感可以尝试从以下 4 个方面着手：

1）喜欢自己，相信自己

乐观且自信是追求幸福的基础。如果一个人在内心对自己持否定的态度，只看到自己不足的一面，那么即使他事业成功、生活富足，也没有办法得到真正的幸福。这也是一些看似成功的人觉得生活并不幸福的原因之一。

研究表明，行为对态度具有一定的支配作用。如果自卑、悲观的人想要改变自己，使自己变得自信、快乐，那么一个有效的方法就是假装自己是一个乐观、自信的人。很多人有过这样的经验，当心情烦躁却有朋友打来电话时，他们不得不装出一副很高兴的样子跟朋友聊天，但奇怪的是，挂掉电话之后，心情好像也变得没有那么烦躁了。因此，我们可以试着先改变自己的行为，用这样的方式去引导以前那个自卑、悲观的自己，慢慢改变他人对自己的态度，进而改变自己的心态。

2）有效沟通，改善关系

高质量的人际关系跟个人的幸福感息息相关。那么，我们要如何改善人际关系呢？

一方面，我们可以积极增加社会交往，与他人更多地进行信息交流和情感沟通。在沟通过程中，应尽可能采用积极的沟通方式，如主动提供信息、面带笑容等，提高交往沟通的有效性。

另一方面，培养自己良好的内在品质和品性。人与人之间真诚友好的朋友关系的建立，归根到底取决于个人的优良品质。而“真诚”是令人喜欢的一个最为重要的特质。因此，只有以诚待人，真心待人，才能拥有良好的人际关系。

3）调整作息，保持健康

在追求幸福的道路上，离不开健康的身体。大学生要善待自己的身体，养成良好的生活习惯。例如，早睡早起，尽量不熬夜，每天保证 6～8 小时的睡眠；定期参加体育锻炼；每周保证有一天能够抛开所有的烦心事，让自己彻底放松下来；保持合理的膳食结构，摄取充足的营养；尽量远离烟酒这类对健康无益的物品。

4）热爱生活，发展兴趣爱好

热爱生活，有一项或几项有益身心的兴趣爱好，能使个体的精神有所寄托，生活充满乐趣，心灵有所附着。

有些大学生在学习之余便无所事事，要么对着电脑枯坐一整天也不知道自己干了什么，要么沉迷于网络游戏或看小说。其实，他们自己也觉得这种日子很无聊。由此可见，

如果心灵毫无寄托，整日无所事事，幸福感自然也就消失不见了。

因此，大学生应该珍惜大学生活的每一天，找到自己感兴趣的事物，充分利用学校的资源，发展自己的兴趣爱好。例如，参加学校的各种社团，如街舞社、吉他社等；选修其他感兴趣的公共课，如书法、篆刻等；留心各种学术讲座、名人演讲等。大学生将自己的生活过得充实起来，不虚度光阴，定能发现生活的美好、幸福的真谛。

2. 乐观

乐观是指个体在不同的情境和时间段中，都坚持对未来结果的积极期望，都相信事件会向着积极的方向发展。乐观的人把积极的事件归因于自身的、持久性的和普遍性的原因，而将消极的事件归因于外部的、暂时性的及与情境有关的原因。乐观的大学生能够正视外界的压力，善于充分利用环境中各种可能会出现的机会来提升自己的能力，也更容易从失败中走出来。提升乐观水平可以从以下 3 个方面着手：

1）积极幻想

心理健康的人都倾向于用乐观的方式认识自己、世界和未来。积极幻想是培养乐观品质的有效手段。具体包括：① 自我拔高。可在正确认识自己的基础上进行适当拔高，相信自己有能力做好应该做的事情。② 相信自己的自我控制能力。坚信自己可以让事情向好的方向发展，并为之付出努力。③ 对未来乐观。相信未来会更美好，相信通过自己的努力能使自己过上幸福的生活，相信自己有能力改变世界。

积极幻想对我们生活的帮助是毋庸置疑的，它让我们更加自信，更加有希望，也促使我们采取更多的行动，为既定的目标付出努力。

2）利用选择性注意和良性遗忘

选择性注意是指人们选择性地关注与自己有关的积极事件，而对与自己有关的消极事件视而不见。良性遗忘是指人们很难回忆起与自己有关的消极事件，而与对自己有关的积极事件却历历在目。大学生可充分利用这种心理机制，调适自己的心情，防止自己沉溺于消极情绪无法走出。

3）适当容忍自己某方面能力的不足

这是指当发现自己某方面存在不足时，个体能够接纳这一不足并将其重要性降低至可以容忍的限度。例如，一个经过努力仍然成绩不好的人，可以认为自己虽然在学习方面的能力不足，但与之相比更重要的是，他有一群好朋友。这样的自我评价对其保持心理健康是有好处的。但是，这并不意味着个体对自己的不足视若无睹，而是在拼尽全力仍无法改善时，正视这一现实并发掘自己其他的优点。

3. 希望

当个体能够设定现实且具有挑战性的目标并有决心达成目标，而且能够在最初计划路径受阻时找到替代路径来实现目标时，就形成了一个螺旋上升的希望。也就是说，希望包含目标（是否拥有有意义的目标）、路径（是否知道如何达成目标）和动力（是否有足够的动力）三层含义。充满希望的大学生往往是独立的思考者，有很强的自我意识，能更好地分析自己所处的状态。提升希望水平可以遵循以下 4 个步骤：

（1）灌输希望，即剖析自己生活中的重要事件，从希望的角度来整合、梳理并重新解释这些事件。也就是说将事件分解为目标、路径和动力 3 个部分，找出存在哪些积极因素和阻碍因素。

（2）确立目标，即根据自己的实际情况，制定具体且清晰的目标。目标应该是付出努力后能实现的、积极的、符合自身能力和现实条件的。

（3）加强路径意识，即将较大的目标分解为较小的目标，找出实现每一个目标的具体途径；安排预案，想好替代方法，提高在计划路径受阻时解决问题的能力。

（4）加强动力意识。具体方法包括回顾成功经验，增强自我效能感，改变归因方式，促进积极思维等。

4. 宽容

宽容是一种非常美好的品格。它是一种非凡的气度、宽广的胸怀，是对人对事的包容和接纳；是精神的成熟、心灵的丰盈；是对别人的释怀，也是对自己的善待；是一种生存的智慧、生活的艺术，是从容、自信和超然。

1）宽容的分类

心理学家将宽容分为人际宽容和自我宽容两种类型。

人际宽容也就是我们日常生活中所说的宽容，受害者在受到不公正的对待后，克服对冒犯者消极的认知、情绪和行为反应，取而代之的是积极的认知、情绪和行为反应，这一过程即为人际宽容。

自我宽容是个体在面对自己已经认识到自己做的错事时，愿意放弃对自己的不满，并给予自己同情、宽恕和关爱。

2）宽容的作用

大多数心理学家认为宽容是一种自我保护机制，宽容有助于个体释放消极情绪；有助于个体做出亲社会行为，减少攻击行为；有助于个体建立和维护与他人良好的人际互动，改善和恢复已经破裂的人际关系；有助于个体提高希望与自尊水平、保持平和的心境，而这些最终都有利于个体的身心健康。

3）提升宽容水平

心理学家恩格里斯总结了宽容的四个阶段，并细致地描述了宽容一个人可能会经历的心理过程，如表 10-1 所示。

表 10-1 宽容的 4 个阶段

体验伤害的阶段	1. 检验自己的心理防御机制 2. 正视愤怒（目的是释放而不是隐藏愤怒） 3. 适当的时候体验羞愧 4. 觉察到自己对伤害事件的过度关注 5. 回想所受伤害 6. 将自己的不幸与冒犯者的“幸运”做比较 7. 意识到伤害对自己造成的影响是永久的 8. 对“公正的世界”的信念有所改变
决定宽容的阶段	9. 意识到现有的应对策略对当前的情境不起作用 10. 将宽容作为一种选择 11. 做出宽容的承诺
实施宽容的阶段	12. 将冒犯者置于当时的情境中，对其过错进行重新认知 13. 对冒犯者共情 14. 觉察到对冒犯者的同情 15. 承受痛苦
收获成果/深化的阶段	16. 思索经历磨难和给予宽容对人生的意义 17. 意识到自己也有得到他人宽容的需要 18. 认识到他人也会受到伤害 19. 认识到自己因宽容而树立新的生活目标 20. 意识到对冒犯者的消极情绪逐渐减少，积极情绪逐渐增加，最终得到内心的释然

了解宽容的整个心理过程，有助于大学生有意识地提升宽容水平。从上表中得知，训练宽容水平，可遵循以下几个步骤：首先，树立宽容意识；其次，改变对冒犯者的消极认知，促进共情；最后，真正地宽容冒犯者。当然，每个宽容者并不一定要经历表 10-1 中的所有阶段，并且每一阶段中的各个环节也不是固定不变的。不同个体之间存在着差异，在不同阶段上有的个体会出现倒退或跳跃现象。

（二）激流勇进，承担人生的责任

生命是一种责任，承担和履行责任的过程是探索和实现生命价值的过程。生命因承担和履行着对自己、对他人、对社会的责任而显得充实且富有意义。大学生要摆脱无兴趣、无所谓、无意义的精神疲软状态和社会上极端功利化趋势的影响，勇于、敢于承担自己的责任。

1. 大学生要正确认识自身价值，自觉承担社会责任

部分大学生将个人与社会完全割裂，认为现实残酷，自觉无力改变，于是随波逐流，得过且过。这种消极的心态使得部分大学生产生了强烈的失落感、空虚感和孤独感，认识不到自身的价值，体会不到生命的意义，严重的会导致其行为失常，甚至是人格分裂和精

神绝望。

因此，大学生要把个人成才与社会发展有机结合，自觉把社会理想、时代要求内化为个人的成才目标，树立社会责任感和使命感。只有对人生目的、人生态度和人生理想等问题有了正确认识，建立起正确的自我意识，才能形成社会责任感的内在精神支柱，产生履行社会责任感的强大动力。

2．大学生要积极投身社会实践，体悟生命之意义

应该说，将对自己的责任置于人生责任之首本无可厚非。但是，少数大学生对个人爱好的偏执和对个人利益的过分敏感，使得他们的自我责任意识呈现明显的情绪化和功利化倾向。这会导致他们无法正确看待自己的社会责任，如片面强调个人权力和利益的获取，而不愿意付出艰辛努力，不愿意承担自己行为的后果；过度关注自我，而忽视了应承担的对他人、对家庭、对社会的责任等。大学生这种过度关注自我甚至损害他人利益的行为，必然会遭到社会的否定和排斥，从而使其陷入孤立无援的境地。

因此，大学生应自觉走出校园，深入社会，通过科技服务、公益劳动等方式，了解社会、认识国情、丰富情感、磨砺意志，以真正体悟生命之意义、珍爱生命之美好。

3．大学生要担当生活之主体，努力提升生命责任感

大学生是大学生活的主体，要发挥自己的主体地位，学会在各种利益冲突中独立地判断和选择，并对自己的行为后果负责。如果一个人对自己都不负责，对自己怎么做人都糊里糊涂，甚至自暴自弃，也就谈不上对他人和社会负责了。因次，大学生要对自己负责、对自己的生命负责、对自己的事业负责、对自己的情感负责，并且由己及人，由近及远，从对自己的亲人负责，对周围的人负责，再升华到对社会、对民族、对国家负责。生命责任感应具体化到生活的每一个层次、每一个领域、每一个行动。

用生命诠释最美青春

2021 年 2 月 25 日，全国脱贫攻坚总结表彰大会在北京人民大会堂隆重召开。当“黄文秀”的名字响起时，镜头转向了一位头发斑白的老人——黄文秀的父亲黄忠杰。替女儿戴着大红花的黄忠杰红着眼眶悄悄抹泪的一幕让亿万观众动容。

脱贫攻坚战取得了决定性胜利，而黄文秀却没有等到这一天。这位正值芳华的壮族姑娘，长眠在广西壮族自治区百色市百福园公墓。

黄文秀 1989 年出生于广西壮族自治区百色市田阳县。2016 年，从北京师范大学硕士研究生毕业后，黄文秀毅然决定回到百色：“我是从广西贫困山区出来的，我想回去建设家乡，把希望带给更多父老乡亲。”她考取了家乡百色的选调生，任职于百

色市委宣传部。2018 年，黄文秀主动请缨，去脱贫攻坚一线工作，到离百色市 200 多千米的百坭村任第一书记。

扶贫工作异常辛苦，但黄文秀从没叫过苦。她白天走村串户遍访贫困户，帮助他们分析致贫原因；晚上与村“两委”研究对策，制订工作方案。通过走访调研，黄文秀找准了百坭村发展产业的路子，带领群众因地制宜发展砂糖橘、八角、杉木等产业，增强他们的脱贫“造血”功能。

驻村期间，黄文秀总是在奔波。2019 年 3 月，驻百坭村满一周年时，她的汽车里程表恰好增加 25 000 千米。那一天，她写下感言：“我心中的长征，驻村一周年愉快。”

作为第一书记，黄文秀始终牢记，扶贫开发贵在精准，重在精准，成败之举在于精准。她帮助村民发展电商，将砂糖橘等土特产远销全国各地；申请通屯路灯项目，使村民走夜路不再需要手电筒；遍访全村 195 户建档立卡贫困户，清晰地标注每一户的致贫原因……

金黄的砂糖橘挂满枝头，扶贫的硕果惠及家家户户。2018 年 3 月，百坭村有 103 户 473 人未脱贫，贫困发生率为 22.88%。经过努力，一年后，全村 88 户 418 人实现脱贫，贫困发生率降至 2.71%，村集体经济项目增收翻倍。

2019 年 6 月 16 日，黄文秀回家看望刚做完肝癌手术不久的父亲。那段时间，百坭村连降暴雨。由于惦记村里的防汛抗洪工作，黄文秀冒雨连夜返回工作岗位，途中遭遇山洪，不幸牺牲。年仅 30 岁的她，将生命永远定格在了扶贫路上。

黄文秀把一颗火热的心奉献给了百坭村。她经常拿出自己的工资帮助村里的孤寡老人和留守儿童，为村里的贫困学生争取各项补助；在生命的最后时刻，她还在询问灾情，特别叮嘱要关注几个重点村屯，立即组织群众防灾救灾……她生前的电脑桌面，是一张洪水淹没玉米地的照片。

黄文秀在入党申请书中写道：“只有把个人的追求融入党的理想之中，理想才会更远大。一个人要活得有意义，生存得有价值，就不能光为自己而活，要用自己的力量为国家、为民族、为社会做出贡献。”这份庄严的承诺，黄文秀始终践行，直至生命最后一刻。

芳华虽短，馨香永存。黄文秀的事迹激励着越来越多的年轻人为党和人民的事业奉献力量。在百坭村，“90 后”村民梁祥办起了农家乐，他表示：“文秀书记为村里做了很多实事，我们回来就是想把家乡建设得更美。”1998 年出生的大学生罗彩航每逢寒暑假，就到百坭村村部帮忙。2021 年，她正式成为村委会委员。

黄文秀牺牲后，杨杰兴主动请缨接过了百坭村第一书记的担子，继续扶贫工作。如今的百坭村发展得越来越好。新民居整齐分布，卫生室、小超市、电商扶贫网点以及健身场地等配套设施一应俱全，屯屯通了水泥路。丰收后的砂糖橘，通过便捷的物流网，送到全国各地。

（资料来源：人民网，有改动）

心理训练

活动一　生命线

每个人的生命只有一次，请对过去的我、现在的我、未来的我做一次评估和展望。教师先说明游戏内容，然后让学生自行填写，10 分钟后分小组交流。每个人轮流展示自己的生命线，边展示边解说，然后小组进行讨论。

生命线是每个人一生走过的路线，这个游戏就是要画出自己人生的路线图。

请准备一张白纸和一支铅笔。把白纸横向摆好，在纸的最上方居中写上“×××（自己的名字）的生命线”。在纸的中部画一条长横线，并给这条线加上一个箭头，让它成为一条有方向的线，如图 10-1 所示。线的起点是你出生的时候，终点是预测的死亡年龄。请你按照为自己规定的生命长度，找到自己目前所在的那个点，并标记上年龄。之后，在标记的左侧（代表着过去的岁月），写出对你有着重大影响的事件，并将它们发生的时间标记在横线上。接着，请认真思考在今后的日子里你最想达到的 2～3 个目标或可能出现的重大事件（如结婚、生子等），并写在标记的右侧。

图 10-1　生命线

活动二　我的人生五样

请每个人拿出一张白纸，然后思考：对你来说，人生中最重要的是什么？然后在白纸上写下对你来说最重要的五样东西。这五样东西可以是具体的物品，如食物、水或金钱等；可以是人和动物，如父母、朋友或宠物等；可以是精神的追求，如理想、爱好或习惯等。

接着，你需要把其中一项删掉，删掉意味着这样东西从此在你的人生中消失。认真思考并做出选择，想想自己为什么把它删掉。

之后，分三次分别删掉一项内容，并思考自己为什么把它删掉。

现在，请看剩下的最后一项内容，它对你来说是最重要的。想一想自己为它付出了什么。

请认真感受删除每项内容的心理过程，并与他人分享自己的内心感受和想法。

心理测试

测试一 你应对危机的能力如何？

这个测试可以通过《应对危机能力测试量表》来完成。

《应对危机能力测试量表》由 20 个测试题目构成。扫一扫下方二维码，进行测试吧！

测试二 你会产生创伤后应激障碍吗？

这个测试可以通过《创伤后应激障碍（PTSD）测试量表》来完成。

《创伤后应激障碍（PTSD）测试量表》由 17 个测试题目构成。扫一扫下方二维码，进行测试吧！

应对危机能力测试量表

创伤后应激障碍（PTSD）测试量表

参考文献

［1］彭聃龄．普通心理学［M］．5 版．北京：北京师范大学出版社，2018.

［2］刘钊泉，胡伟坚．大学生心理健康课堂与实践［M］．北京：化学工业出版社，2020.

［3］黄希庭，郑涌．大学生心理健康教育［M］．3 版．上海：华东师范大学出版社，2020.

［4］樊富珉，费俊峰．大学生心理健康十六讲［M］．北京：高等教育出版社，2020.

［5］张大均，吴明霞．大学生心理健康［M］．北京：清华大学出版社，2015.

［6］郭念锋．心理咨询师：习题与案例集［M］．北京：民族出版社，2015.

［7］李继兵，杨新国，李美清．青春如歌：大学生心理成长指南［M］．桂林：广西师范大学出版社，2014.

［8］陈秋燕．大学生心理健康教育［M］．北京：北京师范大学出版社，2020.

［9］杨超，黄军友．阳光成长：大学生心理健康教育［M］．北京：人民邮电出版社，2020.

［10］刘小丽．积极心理学与大学生心理健康［M］．长春：吉林出版集团股份有限公司，2019.

［11］（美）杰瑞姆•布莱克曼．心灵的面具：101 种心理防御［M］．2 版．王晶译．上海：华东师范大学出版社，2021.

［12］许文静．每天一个心理游戏［M］．北京：团结出版社，2018.

［13］吕晓霞，肖安．试论高职学生自我意识的发展与完善［J］．文化与探索，2016（16）：260-261.

［14］马建青．大学生心理健康教程［M］．3 版．杭州：浙江大学出版社，2021.